历史的启示

Chinese History 中国历史

吴晗——著
马仁翰—选编

中国友谊出版公司

图书在版编目（CIP）数据

历史的启示 / 吴晗著；马仁翰选编 . -- 北京：中国友谊出版公司，2022.12

ISBN 978-7-5057-5577-2

Ⅰ . ①历… Ⅱ . ①吴… ②马… Ⅲ . ①中国历史－通俗读物 Ⅳ . ① K209

中国版本图书馆 CIP 数据核字 (2022) 第 184855 号

书名	历史的启示
作者	吴晗 著　马仁翰 选编
出版	中国友谊出版公司
发行	中国友谊出版公司
经销	新华书店
印刷	天津中印联印务有限公司
规格	880×1230 毫米　32 开 8 印张　181 千字
版次	2022 年 12 月第 1 版
印次	2022 年 12 月第 1 次印刷
书号	ISBN 978-7-5057-5577-2
定价	52.00 元
地址	北京市朝阳区西坝河南里 17 号楼
邮编	100028
电话	(010) 64678009

目 录

第一编 皇权的博弈：维持平衡可不容易

宋明间统治阶级的内部矛盾 / 003

论所谓"中国式的代议制度" / 009

明成祖生母考 / 017

元代的贵族集团 / 036

主奴之间 / 056

明代的殉葬制度——"美德组成的黄金世界"之一斑 / 059

第二编 古代官僚系统的运行奥秘：王朝存续的关键核心

汪辉祖论做州县官 / 065

宋官制杂释 / 067

论士大夫 / 076

明代的科举情况和绅士特权 / 084

"社会贤达"考 / 088

官僚政治的故事 / 093

第三编　腐败：古代集权专制的潜规则

贪污史例 / 101

宋代两次均产运动 / 104

元帝国政治和军队的腐化 / 108

明代之粮长 / 120

晚明仕宦阶级的生活 / 126

唐顺之论明代刻书 / 136

第四编　古代老百姓的日常生活：细微之处看历史

烟草初传入中国的历史 / 143

谈火葬 / 148

元明两代之"匠户" / 151

从幞头说起 / 173

中古时代的水力利用——碾、硙、碓 / 177

明代米价 / 183

记大明通行宝钞 / 185

第五编　以人为镜：从古人身上感悟成败得失

《敕勒歌》歌唱者家族的命运 / 203

隋末农民领袖窦建德 / 209

况钟和周忱 / 214

戚继光练兵 / 227

"社会贤达"钱牧斋 / 229

第一编

皇权的博弈：维持平衡可不容易

宋明间统治阶级的内部矛盾 *

从北宋一直到明末，将近七百年左右时间，尽管换了不少朝代，一个统治阶级替换原来的统治阶级，一个家族推翻原来的统治家族，爬上统治的宝座，除旧布新，废止旧的某些苛政，颁布一些新的巩固统治的法令。但是，地主阶级统治的本质并没有改变，依然是占人口极少数的地主统治集团骑在广大农民头上吸吮脂膏，进行穷凶极恶的剥削。

在这期间，农民为了反抗地主阶级的压迫，曾经举行过无数次的武装起义。

在统治阶级集团内部，也由于经济情况的变化，特别是东南地区经济的发展、繁荣、壮大，文化水平的提高，要求对束缚生产力的某些规章制度作适当的改变，要求在政治上有他们自己地区的代言人；也由于南北长期分裂、对立，南北地主阶级之间也因而形成一种互相轻蔑、不信任的心理状态；同样，由于各地区经济、政治情况的不同，统治阶级内部由于生产资料占有情况和剥削方式的不同发生了矛盾；前两者造成了地区间的相互矛盾；而后者又造成了超越地区间的矛盾，这一些人与那一些人的矛盾；政局的变化和改革的浪潮一个接着一个，

---

* 出自吴晗所著《灯下集》，1960年6月生活·读书·新知三联书店出版。——编者注
（本书的 * 为编者注，其余原注采用阳圈码形式。）

南方地区和中原地区的地主阶级代表人物发生矛盾，这一群地主代表和那一群地主代表发生矛盾，形成统治阶级内部的斗争，反映在政治上是新旧党争和其他形式的政治斗争。例如北宋前期北方豪族王旦、寇准和南方新兴地主阶级代表王钦若、丁谓的斗争，中期北方豪族韩琦、富弼、司马光和南方新兴地主阶级代表王安石、吕惠卿之争，后期的北方豪族代表和南方新兴地主阶级代表蔡京之争，这种斗争一直继续到南宋。中间金、元入侵，虽然情况改变了，民族压迫成为主要的矛盾，地主阶级内部矛盾退居次要地位，但是通过民族压迫，北人和南人在政治地位上的差别更显著了。

到明代，北方地主阶级和南方的地主阶级代表的利害冲突，又随着东南地区经济的进一步发展而发展，在政治上表现为当权的北方官僚有意地排斥南方的新进人物。也有时表现为当权的南方官僚有意地排斥北方的官僚。在中期倭患严重时代，更发展为沿海主张对外通商的地主和内地主张断绝通商地主的严重斗争。

统治阶级内部矛盾的一个方面的具体表现是掌握政权的首相地位的争夺，和当时官僚主要出身门路进士的争夺。

以宋朝史事为例，如真宗朝首相王旦是大名府莘县（今山东莘县）的豪族，祖父三代都做官。王钦若是临江军新喻（今江西新喻）人。真宗要任命王钦若做宰相，王旦说："我看祖宗朝从来没有南方人管国家大事的。虽然古人说过立贤无方，但是，也只适用于贤士啊。我做宰相，不敢排斥人。说的是公论。"真宗只好算了。王旦死后，王钦若才做宰相，他告诉人说："王旦一句话，迟了我十年做宰相。"[①]

[①] 李焘：《续资治通鉴长编》卷九〇；《宋史》卷二八二，《王旦传》。

王钦若在宋真宗天禧元年（1017年）八月被任命为左仆射平章事，由此可见在这一年以前，没有一个南方人曾经做过宰相。宋人笔记因此臆造出宋太祖曾经立石政事堂，说南人不可为相，要后代遵守。事实上宋太祖即位于960年，这时南方有荆南、蜀、南汉、南唐、吴越五国。到963年荆南才投降，965年蜀孟昶降，971年取南汉，975年降南唐，至于吴越，直到宋太宗太平兴国三年（978年）吴越王钱俶才纳土投降。王旦、寇准所指的南人，大体上指的是南唐、吴越地区的人，975年以前，南唐、吴越都没有划归宋的版图，怎么有可能让这两个地区的人做宋的宰相呢？

也应该指出，这个故事虽然是臆造的，并无其事，但是，在政治上轻视、排斥南人，不使南人当国执政，却是当时北方地主阶级的比较普遍的企图。这个故事是正确地反映了当时的统治阶级内部斗争情况的。

寇准是华州下邽（今陕西渭南县东北）人。和王旦一样，极力排斥南人。公元1015年的进士考试，照规矩，要由皇帝召见考取前几名的进士，根据各人的仪表语言，决定谁是第一名。这次被召见的有新喻人萧贯和胶水（今山东平度）人蔡齐。蔡齐仪状秀伟，举止端重，真宗一见就喜欢他。寇准又说："萧贯南方下国人，不应该放在第一。"蔡齐就考第一了。真宗很高兴。寇准自命很高，很讨厌南方人轻巧。召见以后，他出来告诉同事说："又给中原夺得一个状元了。"[①]

不只是文官、进士，连武官也是如此。公元1006年，有人建议诸路巡检要选择武勇、心力强明的，请不要用福建、荆湖、江浙、川

[①]《长编》卷八四。

峡地方的人。真宗也觉得不对,对王钦若说:"人的勇怯,不一定是南人北人的关系,用这办法区别,不是用人之道。"①因为武官是不参预政治的,因此,真宗没有采纳。

元代的台省重要官员,绝大多数都是北方人。汉人、南人在万数人中找不到一两个。②

明初有科场案,洪武三十年(1397年)会试发榜,泰和(今江西泰和)人宋琮考第一,北方人一个也没有录取。北方的举人大闹,说主考官刘三吾等都是南方人(刘三吾湖南茶陵人),有私心。明太祖大怒,叫侍讲张信等检阅考卷,结果不满意,考生又攻讦说是刘三吾故意拿不好的卷子复阅。明太祖越发生气,把张信等考官杀了,刘三吾以年老充军。状元宋琮也被罚充军。明太祖亲自出题另考,取了六十人,全是北方人。当时叫作南北榜,又叫春夏榜。③

明英宗时的吏部尚书王翱,盐山(今河北盐山)人。性不喜南士,引用的多是北方人。④北方人很喜欢他。到后来桐庐(今浙江桐庐)人姚夔做吏部尚书,又反过来,多引荐南人了。⑤

明武宗时首相焦芳是泌阳(今河南泌阳)人。他深恶南人,每退一南人就高兴。连谈到古人,也是破口骂南人,只要是北方人就称赞。作了一幅南人不可为相图送给当权的太监刘瑾。⑥

---

① 《长编》卷六三。
② 叶子奇:《草木子》卷三,《克谨篇》。
③ 《明史》卷一三七,《刘三吾传》。
④ 《明史》卷一七七,《王翱传》。
⑤ 《明史》卷一七七,《姚夔传》。
⑥ 《明史》卷三〇六,《焦芳传》。

后期的东林党争,也包含有地方的因素。1654年清世祖和汉臣谈话,指出明末北人南人各自为党,把明朝搞坏了。[①]东林书院在江苏无锡,东林党人多是南人,魏忠贤是北方人,他的主要爪牙如冯铨等也多是北人,顺治的话是有些道理的。

这七百年间统治阶级的内部斗争,表现的一个方面是北方地主阶级和南方地主阶级代表人物间的斗争,和这一批地主代表与另一群地主代表之间的斗争。

宋、元的统治者都是从北方用武力统一南方的,首都也在北方,自然而然地构成了以北人为主的官僚集团。明代虽然从南方起事,统一北方,但是明太祖从政治上考虑,有意识地扶植北方人出身的官僚,到明成祖迁都北京,情况改变,北人在政治上就越发吃得开了。

从宋到明,东南地区的经济情况逐步改变,生产更加发达了,对外贸易发展了,念书识字的人多了,文化水平在不断提高。相反,中原地区由于战争的破坏,生产下降,经济重心逐步转移到东南地区。特别是从宋太宗以后,进士科扩大考取名额,从唐朝的每科三五十人,扩大到几千人以至万人。同时,由于印刷术的发明和书籍的商品化,结合东南地区的经济上升,就使进士科的地区比例发生变化,南人愈来愈占较大的比重,官僚集团的地区比例也随之而发生相应的变化。通过考试加入官僚集团的南人,不能不代表本地区新兴的地主阶级和以地主阶级为中心的对外贸易集团的利益,要求变革一些不符合他们利益的规章制度,建立保护他们利益的新制度新办法。这种变革的要

---

① 《顺治东华录》二三。

求就被中原的地主阶级斥责为"轻巧",斥责为变乱祖宗成法,坚决反对。道理站不住时就只好拿天变来吓唬了。

宋代新法派的领袖王安石的名言:"天变不足畏,人言不足恤,祖宗不足法。"就是针对这种情况发出的抗议。

论所谓"中国式的代议制度"*

最近，何永佶先生在《观察》四卷十一期上发表《论中国式的代议制度》一文，指出从隋代以来的考试制度，便是中国式的代议制度，考试制度除了考试官吏以外，还有更重要的作用，"殆即政治上的代议 Representation 作用"。因为科举出身的人，不一定做官，做地方的绅士领袖与代言人，地方的疾苦由绅士去见县知事，由县知事上达给"吏部大员"学台，再由学台上达给皇帝，这是民情上达的一条路。为什么绅士可以把民情上达给县知事呢？因为说不定县知事就是他的同年的缘故。

另一个作用是朝廷的臣子都是从科举出身的，皇帝有什么大事，即下"廷议"。朝廷马上变成一个议会，朝臣既然由科举制度来自各方，则各方的意见和愿望都可在这"中国式的议会"内得个发泄。

结论是这个制度"不但制出来行政的官吏，且选出来议政的官吏，不但选出行政院的人，且拣出立法院的人，其为一代议制度盖在此"。考试制度是一部不花公家多少钱而能多多少少达到代议目的之一部机器。

何先生说这制度不但是中国人不懂，连欧美人也不懂我们固有的法子。我有幸为中国人，不幸对何先生所所谈的问题也稍为懂一点，过去也曾有机会研究和讲授这个问题。可惜我的看法和何先生的看法

---

* 原载《观察》第 4 卷第 14 期，1948 年 5 月 29 日出版。——编者注

完全不一样，我的结论是科举制度是封建专制独裁君主用以选拔官僚，奴役运用士大夫的一种制度，和代议制度，绝不相干。民情也绝不能经由何先生的方式上达给皇帝，各方的意见和愿望也绝不能在这"中国式的议会"内得个发泄。

为了避免引经据典式的考证，在这篇短文里也应用何先生的文体，只作概括式的叙述，以就教于何先生和读者。

五月十七日于清华园

一、"皇粮"并不"少"

历史上皇家政权的维持费用，最主要的是地租，一类是依据土地的面积交纳实物的，谷类布类丝织物类等等，是为实物地租；一类是依据人口的数量和服役年龄来征发劳力的，如服义务劳役和兵役，是为劳力地租。这两类负担主要出自农民身上，概括一点说，说全部是农民的负担也不为过。

以外是商税，一类无税之名而有税之实，如盐铁茶香料之类民生必用物资，往往由政府直接管制或经营，获有极大的利润，寓征税于"国"营。一类是对普通商品所课的通过税和营业税。这两类的皇家收入，也间接由农民负担。

再有的是数不尽的苛捐杂税，如有名的间架税、除陌税，以至嫁妆有税，过河有税，买鸡有税，甚至有一位军阀调了差，老百姓说一句私下话："如今拔去眼中钉了！"差没调成，这军阀一回来就征"拔钉税"。另一军阀情形差不多，当离任时，地方父老不敢说话，老年人摸摸胡子，会心微笑。不料这也得了罪，回任后征收"拈须钱"。

皇家征收的实物地租和劳力地租、商税以至无奇不有的苛税，何先生统名之为皇粮。就算是皇粮吧，据我看来，并不那么少，古代的老百姓也并不那么爽快，"给了就算"！有板子，有监狱在威胁着，他敢不给吗？

随便举例子吧，以实物地租而论，明太祖洪武二十四年（1391年）的岁入是：

官民田地　三百八十七万四千七百四十六顷七十三亩

米麦豆粟　三千二百二十七万八千九百八十三石

绸绢布　六十四万六千八百七十匹

丝绵水银诸物　三百六十六万五千三百九十斤

钞　四百〇五万二千七百六十四锭（锭五十贯）

白金　二万四千七百四十两

盐　一百十五万五千六百引

这一年的人口数字，计户一千六十八万四千四百三十五，口五千六百七十七万四千五百六十一。这数字要减去一部分卫所官军和家属约一千万人。余下的官户和儒户数量虽不大，负担能力却最大，这类人占有全国最多数最好的土地，可是享有免役免赋以至逃避交纳地租的特权，把负担分架在平民身上。有钱有力的人自成一帮，不交租，不服役，无钱无力的平民除了自己这一份担子以外，还得替地主乡绅们挑上另一份。假定依上面的数字作一估计，四千六百万人口除了半数女的，余下半数再除开老病和孩子，正在生产年龄的成年人不过只有总数四分之一，大约是一千二百万人，再假定这一千二百万人

011

中官僚和贵族地主占千分之五，占有全国土地百分之七十，那么，余下的平民只占有全国土地百分之三十，全部负担了上面的实物地租，而且，依据当时情形，还得加上官吏的勒索和运输费用，通常情形，至少是原额的一倍。照此估计，明初的人民负担，平均每一家长每年得出粮六石至十石，其他的负担还不在内，这数目恐怕并不那么少吧？而且，得注意，这还是明初全盛时代，最最正常的情形呢！

至于劳力地租，更是要人民的命，北宋时代的衙前，被征的一两年就非破产不可。人民要逃避这苦役，有父亲自缢让儿子活命的，有祖母改嫁让孙子得救的。明朝的里役也是一样，中农之家假如没有一个孩子进学，一轮到值年，不搞成讨饭的也保证破产。

假如这些人地下有知，我相信他们会说，假如有选举，从自己人中间拣出一些靠得住的人来决定政府从抽税得来的钱应该怎样用，用时应该怎样监督，用后应该怎样算账，他们一定赞成。假定这种选举背面没有枪杆，不是圈定，不是分配，不止死人，我想，今天活着的人也愿意，决不会嫌麻烦、费事。

那么，为什么古代的人民不说话，不抗议呢？一句话，不许说话，不许抗议。皇家养着几百万军队，就为的对付这些人，史例太多，不必说了。

二、既不"代"也不"议"

首先，要指出何先生引的明初对付学政的故事，所加的解释是和史实不符合的。这故事的经过情形如此："洪武三十年刘三吾、白信蹈等主考会试，榜发泰和宋琮第一，北士无预者。于是诸生言三吾等南人，私其乡。帝怒，命侍讲张信等复阅，不称旨。或言信等故以陋卷呈，三吾等实属之。帝益怒，信蹈等论死，三吾以老戍边，琮亦遭戌。帝亲赐策问，更擢六十一人，皆北士，时谓之南北榜，又曰春夏榜云。"①据《明史·选举志》："初制，礼闱取士，不分南北。自洪武丁丑，考官刘三吾、白信蹈所取宋琮等五十二人皆南士。三月廷试擢陈䢿为第一。帝怒所取之偏，命侍读张信等十二人复阅，䢿亦与焉。帝犹怒不已，悉诛信蹈及信、䢿等，戍三吾于边。亲阅试卷，取任伯安等六十一人。六月复廷试，以韩克忠为第一，皆北士也。然迄永乐间，未尝分地而取。"一直到洪熙元年，才规定会试名额的地方比例，南人取十分之六，北人取十分之四。宣德、正统间，分为南、北、中卷，南百分之五十五，北百分之三十五，中百分之十。照史实来说，何先生说这次考试结果，考上的江苏浙江人太多，远过于其所应得的定额，是不大对的。因为在洪熙元年（1425年）以前，会试根本没有地方的定额。其次，这次考试所取全部是南人，南人的意义是广义的，刘三吾是湖南人，也是南人，这次考试并不是如何先生所说的"偏重江浙"。第三，何先生说："可是考试制度，不能偏重某省，偏重就要杀头的。"如《明史》所记洪武三十年的考试并不是偏重某省，白信蹈之所以杀头，也不是因为偏重某省的缘故。第四，洪熙以后，也只大概分出南北中三个区域的取士比例，并没有严格规定某省应取多少名额。

依我的了解，明太祖是南人，可是他做的不单是南人的皇帝。刘、白等主考根据考卷来定取录的标准，南人长于文墨，结果，一榜全是南人。在弥封誊录的制度下，考官是无法知道考取人的籍贯的。榜发后北人全部落第，自然感觉"偏枯"，认为是有意排斥，闹起来了。

---

① 《明史》卷一三七，《刘三吾传》。

明太祖站在纯政治的立场，把上次的考试作废，重新出题考试，不按成绩，全取北方人。他的目的"偏重"北方这一次，是用来收买北方的士大夫人心的，表示他大公无私，不分南北。至于杀考官和考生的头，倒不是因为"偏重"，而是因为"偏轻"，得罪了北方人的缘故。

至于何先生说考试制度是中国的"代议制度"这一点，据我看来，进士们做了官就心满意足了，既不"代"，也不"议"。万一有时候真要说话，也不过代表他自己和自己这一集团而已。廷议当然也有机会参加，不过在官僚制度下，官阶最高权力最大的人有最多的甚至是独占的发言权，中下级官去参加廷议，不过旁听而已，签名而已，别的一概谈不上。明清两代的官僚记录参加廷议情形的，从来也找不出一个例子，中下级官敢在这场合说话，更找不出有什么官曾在这场合中替老百姓说过一句话。（反之，在科举制度成立以前，官僚制度建立的初期，倒有小官僚侃侃发言，不一定迎合权要意旨的集议，例如盐铁议的儒生议郎，弃朱崖议的贾山。）

何先生只有一句话是对的，他说："最后的廷议本以皇帝为最后决定者，而在西洋的议会中则以议会的多数为最后决定者。"奇怪的是既然皇帝是最后决定者，那么，明明是独裁，又怎么会是议会政治？而且，西洋议会的议员是人民选出来的，至少，在形式上是如此。中国历史上参加廷议的官员，不管是两汉的丞相御史大夫议郎博士，抑或是宋代的侍从两制以上，明代的大小九卿，清代的王大臣部院官，总之都是官僚，人民从来没有选过他们，要他们代而议之，他们也从来没有说我是代表某区的人民说话的，不但没有说，连想也没有想到过。参加集议的官僚不但不是民选，不但不是官选党选，而且全是由皇帝任命的，指派的，不必经过任何人的同意。参加会议的官僚也不一定全是由科举出身的人，举例说，有由父祖的荫袭得官的，有的是亲王勋贵，和科举根本不相干。

其次，科举制度和廷议是两件事，没有必然的联系。事实上，如秦始皇之命儒生议皇帝名号，汉代之议盐铁，议弃朱崖，以至魏晋南北朝的廷臣集议，都在科举制度成立之前。一定把两件事强粘在一起，似乎也不符合史实。

我们最多只能说，科举制度制出行政的官吏，为皇权服务。但绝不能说"选出议政的官吏"。要说是选，我们得问是谁选的？至于立法，皇帝并非法学专家，除了手谕手令以外，要创制法律条文，当然得拣出一批立法的官吏。这拣字也可以用指派两字代替。官僚们既不代表人民，也不议民间疾苦（皇家的事情倒是议的）。代议制在哪里？

三、"上达"什么？

科举出身的人，不一定做官，是对的。问题是做不到官呢？还是不肯做官？

科举出身而做不到官的人，做地方的绅士，领袖与代言人。这话也是有语病的。绅士也包括现任官的父兄子弟和退休的官僚。至于代言人，问题是代谁发言。假如只是代表他自己，和地方的绅士、地主、他的门生故旧、他的同一利害的集团发言，维护皇权发言，这是正确的，合于事实的。假如说是代表那"村子的痛苦、愿望、意见、需要及其他"，这话就是有问题了。代表村子里的哪一些人呢？地主呢？还是贫农？因为村子本身不会说话，也不会有痛苦等等的。

"绅士的工作"，不知是些什么？至于绅士在农村的生活，用死的和活的史料，都可以证明，"并不简单"。他们的生活当然是"独立"的,不过,"独立"的基础是对村人乡人的剥削敲诈和勒索。"决狱"是武断乡曲,其实,岂止决狱而已,有的还杀人放火,有的还私立公堂、私设牢狱呢!至于公益,那更是一种私人收益的手段,吃地方饭吃慈善饭的绅士滔滔皆是,肯掏腰包或白尽义务的不能说绝对没有,恐怕也不很多吧?

绅和官是一体的,我已在《论绅权》和《再论绅权》两篇文章里谈得很多。既然是一体,绅士的痛苦、愿望、意见、需要及其他当然可以上达。

至于从县知事把绅士的意见上达给学台,这倒不一定如此。第一学台——提督学政官和地方的民政官根本是两个系统。第二学台也并非"吏部大员"。县官要上达"舆情",不必经过学台,而学台也未必一定替县官作传达员。

诚然,学台是可以在陛见时面陈地方情形,或用书面作报告给皇帝的。因为学台是钦差,是使臣,在历史上凡是皇帝的使臣,如两汉的刺史,唐代的观察使,宋代的转运使和提点刑狱公事,明代的巡按御史巡抚等官,都有权把地方官吏贤否民生利病报告给皇帝。这些人都是高高在上,根本和人民脱离甚至对立,他们从不到民间去,所听到的是绅士的陈述,下级官僚的报告所谓"舆情",也不过如此而已。使臣奏事是维持皇权的一种方法,和科举制度似乎不大有关系,和代议制度也似乎说不到一起。

最后,我要说明的,是这篇文字的目的,在说明"中国式的代议制度"根本不存在。"科举制度"诚然是"中国式"的,但是,决不是"代议制度"。连"中国式"的"廷议"也完全不是"代议制度"。选举固然不一定非花很多钱不可,而花了很多钱办的选举,到头还是"中国式"的,也和"代议制度"完全不相干。

明成祖生母考 *

一、明人的五种说法

成祖生母问题,自明人即多异说,旧钞本《燕王令旨》[①]说:

顾予匪才,乃父皇太祖高皇帝亲子、母后孝慈高皇后亲生,皇太子亲弟,忝居众王之长。

自认为高皇后亲子。《太宗实录》因之:

高皇后生五子,长懿文皇太子标,次秦愍王樉,次晋恭王㭎,次上,次周定王橚。上初生,五色满室,照映宫闼,经日不散,太祖高皇帝高皇后心异之,独钟爱焉。[②]

《明史》复因承之,在《成祖本纪》上说:

---

* 原载《清华学报》第十卷第三期,1935年7月。——编者注
① 《北平图书馆藏钞本》,《豫章丛书》本《姜氏秘史》卷二亦载有此文件,惟经删节,与钞本面目大异。
② 《明太宗实录》卷一。

文皇帝讳棣，太祖第四子也。母孝慈高皇后。

在这一系统下的记载，都说高皇后生五子，明成祖是嫡四子。第二说则指成祖与周王为高皇后所生，余皆庶出。王世贞《二史考》说：

《皇明世系》谓太宗、周王为高皇后所生，而懿文、秦、晋诸妃子①。

郎瑛所见《鲁府玉牒》和此说相同。他说：

太祖二十四子，生母五人。长懿文太子标，第二秦愍王樉，封西安。第三晋恭王㭎，封太原。第四燕王棣，原封北平，今入继大统。第五周王橚，封开封。高后所生也……右《天潢玉牒》之数，予得于顾尚书者。今鲁府所刻玉牒，又以高后止生成祖与周王，因其不同，故录出之。②

第三说则以成祖为达妃子。王世贞《二史考》记：

《革除遗事》则谓懿文、秦、晋、周王为高皇后生，而太宗为达妃子。③

---

① 《弇州史料》卷六一。
② 《七修类稿》卷一〇。
③ 今《岭南遗书》本黄佐《革除遗事节本》（六卷）无此说，黄氏书原十六卷，然《明史·艺文志》已作六卷，则原本明清之际已不传。世贞所见当是未经删节之十六卷本。

第四说则谓成祖为碽妃子,此说最引人注意,最近傅斯年[①]、朱希祖[②]都有文章考证。明人主此说者有何乔远之《名山藏》:

成祖文皇帝讳棣,太祖第四子也。注臣于南京见《太常志》云帝为碽妃所诞生,而《玉牒》则高后第四子。《玉牒》出当日史臣所纂既无可疑,南太常职掌相沿,又未知其据。臣谨备载之以俟后人考。[③]

有谈迁之《国榷》:

文皇帝讳棣,太祖高皇帝第四子也。母碽妃。《玉牒》云高皇后第四子,盖史臣因帝自称嫡,沿之耳。今《南京太常寺志》载孝陵祔享碽妃穆位第一,可据也。[④]

同书天俪条记高祖后妃有碽妃列在定妃达氏下。《枣林杂俎》亦记:

孝陵享殿,太祖高皇帝高皇后南向。左淑妃李氏,生懿文皇太子,秦愍王,晋恭王……俱东列。碽妃生成祖文皇帝,独西列。见《南京太常寺志》。孝陵阉人俱云,孝慈高皇后无子,具如志中……享殿配

---

① 《国立中央研究院历史语言研究所集刊》第二本第四部分,《明成祖生母纪疑》。
② 《国立中山大学文史学研究所集刊》第二卷第一期,《明成祖生母纪疑辩》。
③ 《典谟记》六。
④ 《国榷》,建文四年。

位出自宸断相传必有确据，而微与《玉牒》抵牾，诚不知其解。①

有刘振之《识大录》：

成祖文皇帝讳棣，太祖第四子也。母曰硕妃。姿貌秀杰，目重瞳子，龙行虎步，声若洪钟，太祖及高后皆爱之。高后因育为己子。②

有李清之《三垣笔记》：

予阅《南太常寺志》载懿文皇太子及秦晋二王均李妃生，成祖则硕妃生，讶之。时钱宗伯谦益有博物称，亦不能决。后以弘光元旦谒孝陵，予语谦益曰：此事与《实录》《玉牒》左，何征？但本志所载东侧列妃嫔二十余，而西侧止硕妃，然否？盍不启寝殿验之。及入视，果然，乃知李、硕之言有以也。惟周王不载所出。观太祖命服养母孙妃斩衰三年，疑即孙出。③

有张岱之《陶庵梦忆》：

（孝陵）近（暖）阁下一座稍前为硕妃，是成祖生母。成祖生，孝慈皇后妊为己子，事甚秘。④

---

① 义集《彤管篇》，孝慈高皇后无子条。
② 《识大录》卷七，《帝典》。
③ 《三垣笔记》，《附志》。
④ 《陶庵梦忆》卷一，《钟山》。

有沈玄华之《敬礼南都奉先殿纪事》：

……高皇配在天御幄神所栖，众妃位东序，一妃独在西。成祖重所生，嫔德莫敢齐。一见异千闻，《实录》安可稽？……

（按：长陵每自称曰朕高皇后第四子也。然奉先庙制，高后南向，诸妃尽东列，西序惟硕妃一人。具载《南京太常寺志》。盖高后从未怀妊，岂惟长陵，即懿文太子亦非后生也。世疑此事不实，诵沈大理诗，期明征矣。①）

第五说则谓成祖为元主妃所生，王世懋《窥天外乘》记：

成祖皇帝为高皇后第四子明甚，而《野史》尚谓是元主妃所生。②

《蒙古源流》记成祖为元主妃洪吉喇氏所生：

先是蒙古托衮特穆尔乌哈噶图汗（案即元顺帝）岁次戊申，汉人朱葛诺延年二十五岁，袭取大都城，即汗位，称为大明朱洪武汗。其乌哈葛图汗之第三福晋系洪吉喇特托克托太师之女，名格呼勒德哈屯，怀孕七月，洪武汗纳之。越三月，是岁戊申生一男。朱洪武降旨曰：从前我汗曾有大恩于我，此乃伊子也，其恩应报，可为我子，尔等勿以为非，遂养为己子，与汉福晋所生之子朱代共二子。朱洪武在

---

① 朱彝尊：《明诗综》卷四四。
② 《纪录汇编》卷二〇五。

位三十年，岁次戊寅，五十五岁卒。大小官员商议，以为蒙古福晋之子虽为兄，系他人之子，长成不免与汉人为仇。汉福晋之子虽为弟，乃嫡子，应奉以为汗。朱代庚戌年生，岁次戊寅年二十九岁即位，在位四越月十八日，即卒于是年。无子。其蒙古福晋所生子，于己卯年三十二岁即位……在位二十二年，岁次庚子年五十岁卒。①

刘献廷亦主此说，惟以成祖母为瓮氏：

明成祖非马后子也。其母瓮氏蒙古人。以其为元顺帝之妃，故隐其事。宫中别有庙，藏神主，世世祀之，不关宗伯。有司礼太监为彭恭庵言之。余少每闻燕之故老为此说，今始信焉。②

傅斯年先生所见明人笔记，则以成祖为元顺帝高丽妃所遗之子：

（抄本）中有一节亦抄自明人笔记者，记明成祖生母事甚详。大致谓作者与周王府中人相熟，府中传说，成祖与周王同母，皆非高后产也。故齐王削藩时，周王受责最重，而燕王自感不安者愈深。及燕王战胜入京，与周王相持恸哭。其后周王骄侈，终为保全，而恩泽所及最重。又记时人侈言成祖实元顺帝之高丽妃所遗之子。并记当时民间歌语，七言成句。末语谓三十五年仍是胡人之天下云云。③

---

① 《蒙古源流》卷八。
② 《广阳杂记》卷二。
③ 《明成祖生母纪疑》。

综上五说，第一说高后生五子，第二说高后生燕周二王，第三说高后生懿文、秦、晋、周王，燕王为达妃所生。第四说以成祖为碽妃子，除刘振所记不知何出外，其余都以《南京太常寺志》作根据。而谈氏、朱氏皆谓高后无子，据《志》则懿文太子、秦愍王、晋恭王并李淑妃生，周王则不知所出。据刘张二说则燕王生母虽为碽妃而高后实为其养母。第五说虽有洪吉喇氏和瓮氏及高丽妃三说，其为元主妃则一。

二、燕王周王俱庶出

靖难时代的公家文件在当时已经被政府所故意焚毁，不留痕迹，《明史·王艮传》：

> 后成祖出建文时群臣封事千余通，令（解）缙等编阅，事涉兵农钱谷者留之，诸言语干犯及他一切皆焚毁。[1]

建文臣下的私人著作也被禁毁，悬为厉禁。永乐中藏方孝孺文者罪至死[2]，现在我们所能看见的只是明成祖系统下的片面文件。而且不但是在当时，明仁宗以下各朝都是明成祖的直系子孙，他们的臣民自然也不敢在钦定的史料以外横生异议。在上文所引用的几种幸存的史料，除官书外大多是晚明的作品，时代较远，说话比较自由，并且有的是凭着官书说话，无忌讳之嫌，有的只是稿本流传，不为政府所属目。我们现在所能凭借的史料只是官方的片面记载和后代私人的记述。

---

[1]《明史》卷一四三。
[2]《明史》卷一四一，《方孝孺传》。

要考定以上五说的是非，第一步先要解决的是燕王和周王是否同母，燕王周王和懿文及秦晋二王是否同母，在钦定的史料中比较，时代较近的是《明太宗实录》。（虽然这史料是出于明成祖的臣下之手，有故意埋没事实厚诬敌人的嫌疑。）我们先就这一部分加以考校。《太宗实录》四年六月乙丑条：

> 上虑朝廷事急，加害周齐二王，遣骑兵千余驰往卫之。周王初不知上所遣，仓卒惶怖，既知乃喜曰："我不死矣！"来见，上出迎之，周王见上拜且哭，上亦哭，感动左右。周王曰："奸恶屠戮我兄弟，赖大兄救我，今日相见，真再生也。"言讫复哭，哭不止，上慰止之。与周王并辔至金川门下马，握手登楼，上曰："身遭兵祸，无所容生，数年亲当矢石，濒万死，今日重见骨肉，皆赖天地皇考皇妣之佑，得至于此。"周王曰："天生大兄，勘定祸乱社稷，保全骨肉，不然，皆落奸臣之手矣。"①

在这一段记载中，有两点最值得我们的注意。第一，周王是太祖第五子，却称他四哥为大兄，一则曰："赖大兄救我"，二则曰："天生大兄"，由此可知成祖和周王同母，和懿文及秦晋二王异母，以此周王称为大兄。第二，周齐二王并在京中，同为成祖之弟，而出迎却只记周王，抚慰亦只及周王，由此可见燕、周之关系。再看成祖登极以后对周王的特殊待遇。《太宗实录》记赏赐：

---

① 《明太宗实录》卷九下。

  洪武三十五年七月乙丑赐周王橚钞二万一千锭。丁酉赐周王橚八万锭，齐王榑钞二万锭。十月戊寅赐周王橚钞十万锭。①

生日则特赐礼物：

  洪武三十五年七月庚寅赐周王橚生日礼物冠一，通天犀带一，彩帛三十匹，金香炉合各一，玉观音金铜佛各一，钞八千锭，羊十腔，酒百瓶。②

  就国后，每遇生日必期前遣驸马都尉往赐物，永乐元年七月遣宋琥，二年遣宋瑛，三年遣沐昕。端午冬至并有赐物，其他非时赏赐，宠渥稠叠。其郡主仪仗并特命得如亲王。③同时亲王蒙宠者谷王以开金川门迎降功犹不得望其项背，其他更不能比拟。就国前加禄五千石，仁宗即位加岁禄至二万石。④

  事实上燕、周不但同母，且具为庶出（高皇后无子，说详下）。可是在表面上，燕王却一口咬定自己是嫡出，他和周王同母，连带地把周王也算为高后亲子。在起兵的时候口口声声抬出嫡子的头衔来迎合传统的宗法观念。因为这时候被称为嫡子的懿文及秦晋二王都已去世，建文在他的举兵檄文⑤中被斥为变祖法妻祖母大逆不道，不应继

---

① 《明太宗实录》卷一〇至一三。
② 《明太宗实录》卷一〇。
③ 《明太宗实录》卷一八。
④ 《明史》卷一一六，《周王橚传》。
⑤ 《燕王令旨》。

025

承主器，在伦序上他应入继大统。所以他在任何文件和口头谈话上一有机会就向人诉说他是嫡子，即位后即下令焚毁建文朝有"言语干犯"的文件，至少在这些文件中有一部分是指斥他这一假作的声明的。《太宗实录》记其起兵时上书：

（建文）元年七月癸酉上书于朝曰："切念臣于懿文皇太子同父母至亲也。……"

同日他又告诉他的将士说："我太祖高皇帝孝慈高皇后嫡子，国家至亲。"①得位后他又书面告诉人他是嫡子：

三十五年七月壬午诏曰："朕为高皇帝嫡子；祖有明训；朝无正臣，内有奸恶，王得兴兵讨之。"②

又书面告诉他的亲属，让他们会意他是嫡子：

三十五年七月癸亥，晋王济熺来朝。赐书谕曰："吾与尔父皆皇考妣所生，自少友爱深厚。"③

从此以后，燕王嫡子之说便成铁案。登极后变本加厉，率性伪造《玉

---

① 《燕王令旨》卷二。
② 《燕王令旨》卷一〇上。
③ 《燕王令旨》卷一〇下。

牒》，惟以自己和周王为高后嫡子，明著懿文及秦晋二王俱为庶出，这一痕迹一见于郎瑛所见之《鲁府玉牒》，二见于被删改后的《明太祖实录》。稍久觉得这说不妥，再来一次修改，在三修《太祖实录》和《天潢玉牒》中明著五人同母。这一件伪造文证的经过，夏燮说得最明白。他说：

> 明成祖于建文所修之《太祖实录》，一改再改，其用意在嫡出一事。盖懿文太子薨，则其伦序犹在秦晋，若洪武之末，则秦晋二王已薨，自谓伦序当立，借以文其篡逆之名也。并引周王为五人同母者，盖燕周本同母也。《明史·黄子澄传》曰："周王，燕王之母弟，削周是翦燕手足也"。此初修本之仅存者。[①] 解缙奉诏再修，尽焚原草而独存此数语者，盖缙等欲取媚成祖，遂谓懿文太子秦晋二王皆诸妃出，惟燕周二王同为高后生，以证立嫡立长，礼之所宜。是则缙之所谓同母，乃母高后，与《子澄传》中同母之语词同而意异矣。缙之得罪在永乐九年，时必有谮之于成祖者，谓懿文庶出之语骇人听闻，修《实录》者留此罅隙以滋天下后世口实，于是成祖并疑李景隆、茹瑺等心术不正（语见沈氏《野获编》），乃于九年复命姚广孝、夏原吉等为三修之役，而杨士奇等主之，因自懿文太子以下五人悉系之高后所出，遂为定本。而忘却子澄同母一语自相矛盾未及追改，又入之《永乐实录》中，而燕周二王之为庶生，反成铁证，是目论而不自见其睫者也。[②]

[①] 此说明人著作中流传甚广。朱睦㮮为周藩宗室，他也在《革除逸史》中记：（齐）泰欲伐燕，（黄）子澄曰："不可，燕兵最精，卒难图，不如先取周。周乃燕母弟，去其手足而后燕可图也。"
[②] 《明通鉴义例》。

三、高皇后无子

燕王周王同母并为庶出之说已于上文论定，请再申论懿文及秦晋二王之是否为高皇后所生。

《明史·兴宗孝康皇帝传》："标，太祖长子也，母高皇后。元至正十五年生于太平陈迪家。"① 按《明太祖实录》："乙未九月乙亥皇长子生，孝慈皇后出也。"② 考《明史·太祖本纪》：

> （至正十五年）五月太祖谋渡江无舟，会巢湖帅廖永安、俞通海以水军千艘来附，太祖大喜，往抚其众，而元中丞蛮子海牙扼铜城闸、马场河诸隘，巢湖舟师不得出，忽大雨……遂乘水涨，从小港纵舟还，因击海牙于峪溪口，大败之，遂定计渡江……六月乙卯，乘风引帆，直达牛渚，常遇春先登，拔之，采石兵亦溃，缘江诸垒悉附……遂乘胜拔太平。改路曰府，置太平兴国翼元帅府，自领元帅事。时太平四面皆元兵，右丞阿鲁灰、中丞蛮子海牙等严师截姑孰口，陈野先水军帅康茂才以数万众攻城，太祖遣徐达、邓愈、汤和逆战，别将潜出其后夹击之，擒野先并降其众，阿鲁灰等引去。秋九月，郭天叙、张天祐攻集庆，野先叛，二人皆战死。野先寻为民兵所杀，从子兆先收其众屯方山，与海牙掎角以窥太平。③

由此可知太祖自五月定计渡江，六月克太平，以后，太平即被元兵所

---

① 《明史》卷一一五。
② 《明太祖实录》卷三。
③ 《明史》，《太祖本纪》卷一。

包围。《明史·高皇后传》：

> 太祖既克太平，后率将士妻妾渡江。

由此知高后初未从大军出发，至克太平后始渡江。据《实录》言懿文太子生于九月丁亥，如在九月前高后无渡江之可能时，则懿文必非高后所生。《明史》记陈野先之被擒在九月前，则高后之渡江当在野先被擒阿鲁灰等引去之后，九月丁亥之前。如元兵在九月中犹未引去，则高后及所率将士妻妾必不能突过元人舟师之堵截而入四面包围情形下之太平也。《明史》本纪多据《实录》，《太祖实录》经三次改窜，不值吾人信任。试别征之当时人之记载，俞本《皇明记事录》说：

> 九月元义兵元帅陈也先领兵攻太平府，士卒登城，上亲率死士拒之，城中危急。是时上娶孙伯英妹为次妃，妃言于上曰："府中金银若干，何不尽给将士，使之奋身御敌，倘有不虞，积金何益！"次日敌再至，上尽置金银于城上，分给将士，遂大败敌兵，生擒也先。[①]

则太平之围至九月始解。太祖渡江时，高后及将士妻妾留和州。《明史·常遇春传》：

> 取太平，授总管府先锋，进总管都督。时将士妻子辎重皆在和州。

[①] 钱谦益：《国初群雄事略》卷二引。

元中丞蛮子海牙复以舟师袭据采石，道中梗，太祖自将攻之，遣遇春多张疑兵分敌势，战既合，遇春操轻舸冲海牙舟为二，左右纵击大败之，尽得其舟，江路复通。①

是则在遇春大破海牙水师以前，江路不通，将士妻子辎重仍在和州也。《康茂才传》：

太祖既渡江，将士家属留和州。时茂才移戍采石，扼江渡。太祖遣兵数攻之，茂才力守，常遇春设伏歼其精锐，茂才复立寨天宁洲，又破之，奔集庆。②

采石之破，《太祖本纪》系于十六年春二月丙子。宋濂撰《开平王神道碑铭》：

丙申（至正十六年）春二月元中丞蛮子海牙复以兵屯采石，南北不通，上虑将士虽渡江而其父母妻子尚留淮西，势莫可致，命王统兵攻之。王至设疑兵以分其势而以正兵与之合，及战，别出奇兵捣败之，悉俘其精锐，自是元兵扼江之势衰矣。③

是则在至正十六年二月丙子以前，留驻和州之将士家属仍未渡江也。

---

① 《明史》卷一二五。
② 《明史》卷一三〇。
③ 《宋文宪公全集》卷四。

《高皇后传》明说"后率将士妻妾渡江"。《碑铭》明说在至正十六年二月以前"将士虽渡江而其父母妻子尚留淮西"。则高后之率将士妻妾渡江,由和州到太平,应在至正十六年二月蛮子海牙失败,元兵扼江势衰之后。宋濂为当时人,所记当不致误。即使退一步说,或许高后率将士家属渡江是在十五年九月以前,我们再看看在九月以前江路是否允许通行。宋濂《蕲国武义康公神道碑铭》记:

> 乙未(至正十五年)六月上帅师渡江,将士家属尚留于和州,上虑公扼采石之冲弗获渡,时出兵挑战,公兵虽寡而以宽宏得士卒心,故临阵人多效死,于是数战不克。后数月常忠武王遇春遣游兵虚挠之,公连日发军以应,王度其力疲,夜设伏兵,质明歼其精锐殆尽。然犹收合溃散,坚塞于天宁洲。明年二月上命诸将以襄阳大炮破其塞,公奔行台。①

由此可知常遇春第一次破元水师是在六月后的数月,元兵虽败仍扼长江,到十六年二月第二次大败方全师撤退。是则太祖入太平后南北始终隔绝,将士家属虽在仅隔一水的和州始终不能飞渡。

再据刘辰《国初事迹》:

> 太祖尝曰:"与我取城子的总兵官妻子俱要在京住坐,不许搬取出外。"②

---

① 《宋文宪公全集》卷四。
② 《金华丛书》本。

这虽是开国后的事,但由此亦可推知在创业时代的规制,太祖率诸将出师进取,高后则率将士妻妾辎重留后方,严密监获,使诸将不敢有异心。上文所引史料明记在十六年二月以前将士妻妾辎重尚未渡江,则高后绝无委弃部属单身先赴太平之理。

综据以上论证,则高后绝不能于九月丁亥以前渡江至太平。高后既不在太平,则懿文太子自非高后所生。懿文与秦晋二王同母,懿文既非高后所生,则秦晋二王亦必非高后所生。高后既已考定无子,则《南京太常寺志》所记淑妃李氏生懿文皇太子、秦愍王、晋恭王,硕妃生成祖事当属可信。

高后虽无子,却喜养子。刘辰记太祖有义子保儿、周舍、道舍、柴舍、马儿、金刚奴、也先、买驴、真童、泼儿等,分遣出镇,用以钳制将士:

太祖于国初以所克城池专用义子作心腹,与将官同守,如得镇江用周舍,得宣州用道舍,得徽州用王驸马,得严州用保儿,得婺州用马儿,得处州用柴舍、真童,得衢州用金刚奴、也先,得广信调周舍郎沐英也。①

则以他妃子养为己子尤情理之当然。懿文、秦、晋诸王当俱为高后养子,高后视如亲生,诸子亦遂自命为嫡子,其生母因之埋没,仅于陵寝及享殿微露端倪也。

---

① 《国初事迹》。

也许有人要问，太祖在初起兵时势力未盛，何能有许多姬妾。这一问题的解答是太祖初起兵时有记载可考的姬妾有孙妃，见《记事录》；有郭妃，见《天潢玉牒》；有胡妃，见《国初事迹》；有郭宁妃，见《彤史拾遗记》。《明史》记淑妃李氏寿州人，高后薨后摄六宫事，淑妃薨以郭宁妃摄六宫事。宁妃是渡江时的姬侍，李妃摄宫在郭妃前，则李妃之归太祖必更在郭妃前，军行以诸妃随侍，俞本记孙妃事可证，则在太平生懿文太子者为李淑妃无疑。

四、硕妃为成祖生母

成祖、周王同为妃出，据《南京太常寺志》，生母实为硕妃。硕妃之来历不明。盖成祖起兵时自诉为嫡出，以后无法再换一个生母，只好讳莫如深，完全抹杀。何乔远、谈迁诸人疑享殿配位和《玉牒》龃龉，以为不知其解。这因为他们所见的《玉牒》载五子同母的是永乐九年《太祖实录》三修以后的本子。（在这以前有记燕周出高后，懿文、秦、晋出诸妃的《鲁府玉牒》，再前应当还有一个最初本子，记明懿文、秦、晋二王出李淑妃，燕周二王出硕妃的《玉牒》？）已经数度改窜，自然不能和实际情形相合。《革除遗事》以成祖为达妃出，考达妃生齐王榑、潭王梓，黄氏原文今不得见，不知何据。《国榷》天俪条列硕妃于达定妃下，也许是由位次逼近而误记？第五说以燕王为元主妃所生，此说正如傅斯年先生所谓：

在明人心目中，永乐非他，绝懿文之裔，灭方孝孺之十族者也。偏偏其生母非汉姓，而洪武元年直接至正，庚申帝为瀛国公子之说依然甚嚣于人心，则士人凭感情之驱率，画依样之葫芦，于是硕妃为庚申帝妃，成祖为庚申帝子矣。①

至于硕妃之非元主妃及洪吉喇氏传说之无稽，傅斯年先生、朱希祖先生俱已作文力辟之。傅先生所见明人笔记成祖出高丽妃一说，高丽妃亦不必即为硕妃，二者不必强同。朱先生曾引《明史》含山公主传记有含山母高丽妃韩氏之文，以为硕妃如果生子，不应不见《玉牒》。按此乃朱先生见闻太隘，过信官书之过，因为官书并不一定可靠，而且明初《玉牒》即已经过几度修改，《明史》所据为修改过的官书，朱先生却以此事不见于官书，不见于《明史》为疑，这也未免是"缘木求鱼"了。而且太祖宫中高丽妃也不只韩氏一人。《殊域周咨录》记有周妃，得于元主宫中：

初元主尝索女于高丽，得（周）谊女纳之宫中。后为我朝中使携归。（时宫中美人有号高丽妃者疑即此女）②

《明史·朝鲜传》仅记朝鲜使周谊求贡被留，不及其女。而且明代官书也不尽存于今，《太常寺志》还是明代人所见的书，我们已不得见。朱先生疑：

若使硕妃果为成祖生母，李淑妃果为懿文皇太子及秦晋二王生母，则李淑妃既载于《玉牒》及《实录》，而《明史·后妃传》本之，亦

---

① 《明成祖生母纪疑》。
② 《殊域周咨录》卷一《朝鲜》。

有《李淑妃传》，何以明代官书除《南京太常寺志》外，从未记载硕妃乎？成祖既为天子，何以不敢表彰其生母，使之湮灭无传，而在北京私于宫中立庙祀之，在南京私于陵寝别立配位尊之，不敢关于太常乎？若于高后讳，则于李淑妃又何解乎？若讳己为庶子，则汉文帝尝言，朕为高皇帝侧室之子，又何伤乎？况皇太子标等皆属庶出，根本无嫡子争位，又何必讳乎？①

这几个疑问都是神经过敏，而且完全不合论理。因为明代官书决不只仅《南太常寺志》一书，也许记载有硕妃的还有别的官书，可是谈迁、李清等当时所能见到的却只有《南太常寺志》。我们不能无的放矢，因为不能看见其他官书，便瞎说其他官书从未记载硕妃。李淑妃载于《玉牒》《实录》是因为懿文系下已经一败涂地，秦、晋也只是藩王，不必忌讳。硕妃不见于《实录》及《玉牒》，是因为《实录》及《玉牒》已被故意删改过几次，明成祖不愿意说自己不是高皇后的亲子的缘故。因为这样，所以湮没之唯恐不及，更何论表彰。汉文帝不讳庶子，明成祖讳庶子，很浅显明白的理由是环境不同，汉文帝是雍容入继，明成祖是称兵篡逆。人家请来作皇帝，自己说是庶子便愈显得谦恭；造反抢皇帝作，便只好硬说是嫡子，因为成祖是在和有法律继承地位的皇长孙争位啊！

综结以上研讨的结果，结论是高皇后无子；懿文太子，秦、晋二王为李淑妃出；成祖、周王为硕妃出。成祖为高后所养，故冒称嫡子。硕妃则行历不详，只好阙疑。

二十四年三月九日

---

① 《明成祖生母纪疑辩》。

元代的贵族集团 *

在蒙古政府统治下的中国人，要尽双重义务。一重是对中央的，一重是对本地的领主。这领主属于贵族集团，包括皇族，宗王，公主，驸马，勋臣，贵戚，一些有特殊身份的蒙古、色目人。

自成吉思汗以来，每征讨诸国，即封子弟一人镇之。合撒儿等四王以诸弟居东方[①]，封皇子拙赤汗于花剌子模之地[②]，察阿歹汗以西辽及西回鹘故地[③]，斡哥歹汗以叶密立河之地[④]，拖雷汗以少子分得斡难沐涟上源及合剌和林之地[⑤]。支庶日繁，诸王分国遍布欧亚。诸王除自有领土外，在中国亦有食邑，如察阿歹已建汗国，复受分太原四万七千三百三十户，又益封真定、深州万户。[⑥]阿里不哥分地在和林西北，其祖母孛儿帖可敦汤沐八万户在真定者，身后岁赋亦入阿里不哥。[⑦]

---

* 节选自《元代之社会》一文，原载《社会科学》第一卷第三期，1936 年 4 月。——编者注
① 屠寄：《蒙兀儿史记》卷二二。
② 《蒙兀儿史记》卷三四，《拙赤列传》。
③ 《蒙兀儿史记》卷三二，《察阿歹诸王列传》。
④ 《蒙兀儿史记》卷四，《斡哥歹可汗本纪》。
⑤ 《蒙兀儿史记》卷三三，《拖雷列传》。
⑥ 《蒙兀儿史记》卷三二，《察阿歹诸王列传》。
⑦ 《蒙兀儿史记》卷五六，《阿里不哥传》。

海都分地在海押立，至元二年复以蔡为其食邑。①翁吉剌氏世与蒙古皇族通婚，生女为后，生男尚公主。阿勒赤以国舅封河西王，居可木儿、温都儿、答儿、纳兀儿、迭可儿等地，统其国族，复赐东平五千二百户为食邑。其族人亦各有分地，其所分汉地城邑丙申岁（1236年）赐济宁路及济、兖、单三州，巨野、郓城、金乡、虞城、砀山、丰、肥城、任城、鱼台、沛、单父、嘉祥、滋阳、宁阳、曲阜、泗水十六县。至元十三年（1276年）赐汀州路长汀、宁化、清流、武平、上杭、连城六县。至大元年（1308年）赐永平路滦州、卢龙、迁安、抚宁、昌黎、石城、乐亭六县。皆得任其陪臣为达鲁花赤。其所治应昌、全宁等路，则自达鲁花赤总管以下皆得专任，其陪臣和中央无关。②

后妃公主亦有食采分地。③如太宗以真定民户为孛儿帖可敦（成吉思汗皇后）汤沐邑。④大德十一年（1307年）以永平路为皇妹鲁国长公主分地，租赋及土产悉赐之。⑤从世祖立皇太子以后，皇太子亦有分地，如至元十九年（1282年）诏割江西隆兴路为东宫分地⑥，二十一年以云南城内洪城并察罕章棣皇太子⑦。又拨忽兰及塔剌不罕

---

① 《蒙兀儿史记·海都传》。诸王贵戚分赐汉地食邑情形详见：《蒙兀儿史记》卷四，《斡哥歹可汗本纪》，三八年六月条。
② 《蒙兀儿史记》卷二三，《德薛禅传》。
③ 《元史》卷九五，《食货志》三，《岁赐》。
④ 《元史》卷二，《太宗纪》。
⑤ 《元史》卷二二，《成宗纪》。
⑥ 《元史》卷一七三，《马绍传》；卷一一五，《裕宗传》。
⑦ 《元史》卷一三，《世祖纪》。

等四千户棣皇太子位下。①大德十一年以安西、平江、吉州三路为皇太子分地。②诸王分地如安西王忙哥剌之吉州路,北安王那木罕之临江路,平远王阔阔出之永福县,西平王奥鲁赤之南恩州,爱牙赤大王之邵武路光泽县,云南王忽哥赤之福州路福安县,忽都帖木儿太子之泉州路南安县。③勋臣如木华黎等十功臣之食邑东平④,史天泽之食邑于卫⑤。但是富饶肥沃的所在,都已被指定作贵族们的分地或食邑。

江北和江南的分地不同,江北征丝,江南征钞。太宗灭金后,命忽都虎大科汉民,分城邑以分功臣。⑥自甲午到丙申(1234—1236)用三年功夫才把民籍制定。⑦常时太宗预备照成例以汉地分封诸王功臣,耶律楚材劝他采折衷办法,行五户丝制:

> 丙申七月忽都虎以民籍至。帝议裂州县赐亲王功臣。楚材曰:裂土分民,易生嫌隙,不如多以金帛与之。帝曰:已许,奈何?楚材曰:若朝廷置吏,收其贡赋,岁终颁之,使毋擅科征可也。帝然其计。遂定天下赋税,每二户出丝一斤,以给国用。五户出丝一斤,以给诸王功臣汤沐之资。⑧

---

① 《元史》卷一二。
② 《元史》卷二二,《成宗纪》。
③ 《元史》卷九五,《食货志》,《岁赐》。
④ 《元史》卷一一九,《木华黎传》;卷一二〇,《术赤传》;卷一五二,《齐荣显传》;卷一五三,《王玉汝传》。
⑤ 《元史》卷一五五,《史天泽传》。
⑥ 《元史》卷一二一,《畏答儿传》。
⑦ 《元史》卷一三五,《铁哥术传》。
⑧ 《元史》卷一四六,《耶律楚材传》。

这制度立刻见之施行：

> 岁丙申，太宗命五部将分镇中原。阔阔不花镇益都、济南，按察儿镇平阳、太原，孛罗镇真定，肖乃台镇大名，怯列台镇东平。括其民匠得七十二万户，以三千户赐五部。阔阔不花得分户六百，立官治其赋，得荐置长吏，岁从官给其所得五户丝。[①]

到世祖平江南后，又各益以民户。时科差未定，每户折支中统钞五钱。至成宗复加至二贯。[②]此项加赋，系由官家拨给：

> 至元三十一年四月，中书省言：江南分土之赋，初止验其版籍，令户出钞五百文。今亦当有所加。然不宜增赋于民，请因五百文加至二贯，从今岁官给之。从之。[③]

此种分地或食邑又称投下：

> 太祖丙戌（1226年）夏，诏封功臣户口为食邑曰十投下。[④]

蒙古人称降民为投拜户，食邑以户口为本位，投下之名或即因投拜户

---

① 《元史》卷一二三，《阔阔不花传》。
② 《元史》卷九五，《食货志》三，《岁赐》。
③ 《元史》卷一八，《成宗纪》。
④ 《元史》卷一一九，《木华黎传》。

而来。又称爱马,杨瑀《山居新话》:"上亟命分其酒于各爱马(即各投下)"可证。

诸投下和中央的关系,依例须派陪臣到中央服务:"故凡事诸侯王各以其府一官入参决尚书事。"①王官须遣子入侍:"凡守亲王分地者,一子当备宿卫。"②天历元年(1328年)晋王、辽王得罪,其所举宗正府札鲁忽赤中书省断事官亦连带革去。③投下军队须听中央征调,如弘吉剌等五投下之从伐宋:

至元十一年(1274年)世祖命相威总速浑察元统弘吉剌等五投下兵从,伐宋。④

济宁投下蒙古军之东征:

至元二十五年(1288年)八月癸丑,诸王也真言:臣近将济宁投下蒙古军东征,其家皆乏食,愿赐济南路岁赋银,使易米而食。诏辽阳省给米万石赈之。⑤

至正十四年(1354年)、二十五年(1365年),脱脱及扩廓帖木儿

---

① 姚燧:《牧庵集》卷一二,《中书左丞李公(恒)家庙碑》。
② 刘因:《静修文集》卷一六,《泽州长官段公墓碑铭》。
③ 《元史》卷三二,《文宗纪》。
④ 《元史》卷一二八,《相威传》。
⑤ 《元史》卷一五,《世祖纪》。

之统诸王各爱马军人之出征。①平时则为中央镇守地方,得便宜发兵平乱。②

元帝多由亲王入继,即位后仍保有原来之分地。此项分地有特设之总管府管理之。如世祖之京兆分地,以王倚为工部尚书,行本位下随路民匠都总管。③孛儿帖可敦所分军民匠户之在燕京中山者以孟速思布鲁海牙统之。④至元二十四年(1287年)设都总管府,以总皇子北安王民匠斡端大小财赋。⑤皇太子之隆兴分地,则以马绍为总管。⑥仁宗为皇太子,其所分安西王地所置之都总管府,以詹事察罕领之。⑦诸王则设王相府⑧,每位下各设王傅、傅尉、司马。⑨

又设断事官以理词讼,姚燧《平章政事忙兀公神道碑》:

> 诸侯王与十功臣既有土地人民,凡事干其城者,各遣断事官自司,听直于朝。⑩

或即由王傅处理:

---

① 《元史》卷四三、四六,《顺帝纪》。
② 《元史》卷一一七,《宽彻普化传》《帖木儿不花传》。
③ 《元史》卷一七六,《王倚传》。
④ 《元史》卷一二四,《孟速思传》;卷一二五,《布鲁海牙传》。
⑤ 《元史》卷一四,《世祖纪》。
⑥ 《元史》卷一三七,《马绍传》。
⑦ 《元史》卷一三七,《察罕传》。
⑧ 《元史》卷一九,《成宗纪》。
⑨ 《元史》卷八九,《百官志》。
⑩ 《牧庵集》卷一四。

041

至元二十七年敕诸王分地之民有讼，王傅与所置监郡同治。无监郡者王傅听之。①

刑事归地方有司，民事则由投下处理：

诸管军官、奥鲁官及盐运司、打捕鹰坊军匠、各投下管领诸色人等，但犯强窃盗贼、伪造宝钞、略卖人口、发冢放火、犯奸及诸死罪，并从有司归问。其斗讼、婚田、良贱、钱债、财产、宗从断绝及科差不公自相告言者，从本管理问。若事关民户者，从有司约会归问，并从有司追逮，三约不至者，有司就便归断。②

至大四年（1311年）罢诸王断事官，其蒙古人犯盗诈者命所隶千户鞫问。③但至延祐三年（1316年）又恢复断事官制度。④投下官吏俱由领主自辟，再由中央承认：

今之制郡县之官皆受命于朝廷。惟诸王邑司与其所受赐汤沐之地，得自举人。然必以名闻诸朝廷而后授职，不得通于他官。⑤

如陈祐之辟为穆王府尚书，河南府总管。⑥忙哥撒儿之治宪宗

---

① 《元史》卷一六，《世祖纪》。
② 《元史》卷一〇二，《刑法志》，《职制》上。
③ 《元史》卷二四，《武宗纪》。
④ 《元史》卷二五《仁宗纪》："延祐三年正月增置晋王部断事官四员。"
⑤ 《经世大典序录·投下》。
⑥ 《元史》卷一六八，《陈祐传》。

分地①，廉希宪之治世祖分地②，李惟忠之治淄川王分地③。到至元五年（1268年）才规定投下官必须用蒙古人员。其总管府长官不入常选。所属州县长官则于本投下分到城邑内迁转。各投下有阙用人员，自于其投下内选用，不许冒用常选内人。④勋臣食邑之官吏亦得自行选用，如宪宗赐史天泽以卫城，天泽以王昌龄治之。⑤顺帝赐脱脱淮安路为其食邑，郡邑长吏听其自用。⑥

这一贵族集团所领有的分地中，人民除须对中央纳二户丝外，当地领主即为其统治者，须服从领主的约束。据下引一史实可以看出当时领主和其分地中人民的关系：

（张础真定人）业儒。丙辰岁（1256年）平章廉希宪荐于世祖潜邸。时真定为诸王阿里不哥分地。阿里不哥以础不附己，衔之。遣使言于世祖曰：张础我分地中人，当以归我。世祖命使者复曰：兄弟至亲，宁有彼此之间。且我方有事于宋，如础者实所倚任。俟天下平定，当遣还也。⑦

这虽是统一以前的情形，可是看后来屡次禁止投下招户的禁令，可见

---

① 《元史》卷一二四，《忙哥撒儿传》。
② 《元史》卷一二六，《廉希宪传》。
③ 《元史》卷一二九，《李恒传》。
④ 《元史》卷八二，《选举志》。
⑤ 《元史》卷一五五，《史天泽传》。
⑥ 《元史》卷一三八，《脱脱传》。
⑦ 《元史》卷一六七，《张础传》。

投下户和非投下户的关系是有不同的。《元史·刑法志·户婚》条：

> 诸系官当差人户，非奉朝省文字，辄投充诸王及各投下给使者，论罪。

由此可知投下户是不系官当差的。又：

> 诸投下官员招占已籍系官民匠户计者，没其家财，所占户归本籍。

由此可知投下户是和民户不同户籍的。至元十八年令甘州凡诸投下户依民例应站役。[①]则在此令以前投下户是不应站役的。大德九年诏诸王驸马部属及各投下，凡市佣徭役与民均输。[②]延祐五年又敕诸王位下民在大都者与民均役。[③]则在此二诏前投下人民并不和系官当差人户一样为政府服役。因为避免政府徭役的关系，一般民户军户站户以投附到各投下应役为得计，投下的官吏也尽可能地收容这些逃户，扩张自己的领地和收入。中央和各投下就因这问题而时常引起争执，屡屡申禁投下擅招民户：

> 至元二十三年（1286年）（崔彧）奏：忽都忽那颜籍户之后，各投下毋擅招集，太宗既行之。江南民为籍已定，乞依太宗所行为是。从之。

[①]《元史》卷一一，《世祖纪》。
[②]《元史》卷二一，《成宗纪》。
[③]《元史》卷二六，《仁宗纪》。

044

成宗元贞元年诏诸王驸马部民既隶军籍者，毋夺回本部。二年诏蒙古侍卫所管探马赤军人子弟投诸王位下者，悉遵世祖成宪，发还原役充军。①又禁诸王公主驸马招户。②大德二年禁诸王公主驸马受诸人呈献公私田地及擅招户者。③禁令虽严，投下之招户仍不因之而少止，如江浙行省所投告：

  有力富强之家，往往投充诸王位下……等诸项户计，影占不当杂泛差役，止令贫难下户承充里正主首，钱粮不办，偏负生受。各处行省俱有似此户计。④

河南行省所投告亦有同样情形：

  李罗欢为头河南行省官题说：俺管辖的地面里，将系官并民田每有一等歹人，诸王驸马每根底呈献的多有不系诸王驸马各投下分拨到的户计地土有。⑤

富户地主以此避免差役，平民则因此受累，破家荡产。
  诸领主同时也是地主，经营高利贷者。有的得特许征收当地的商

---

① 《元史》卷九九，《兵志》。
② 《元史》卷一九，《成宗纪》。
③ 《元典章》卷二五，《户部》一一，《影避》。
④ 《元典章》卷二五，《户部》一一，《影避》。
⑤ 《通制条格》卷三。

税和盐引,《元史·马亨传》:

> 世祖征云南,留亨为京兆榷课所长官。京兆,藩邸分地也,亨以宽简治之,不事掊克,凡五年,民安而课裕。丁巳(1257年)亨时辇岁办课银五百锭,输之藩府。①

至元二十年诸王只必帖木儿请于常德分地二十四城自设管课官,不从。又请立拘榷课税所,其长从都省所定,次则王府差设,从之。②安西王府则擅中原盐利:

> 安西国王秦,凡河东河南山之南与陕西食解池盐,皆置使督其赋入,悉输王府。③

安西王被诛后以其分地赐仁宗:

> 大德十一年十一月皇太子言:近蒙恩以安西、吉州、平江为分地,租税悉以赐臣。臣恐宗亲昆弟援例,自五户丝外,余请输之内帑。其陕西运司岁办盐十万引向给安西王,以此钱斟酌与臣,惟陛下裁之。中书计会三路租税及盐课所入钞四十万锭。有旨:皇太子所思甚善。岁以十万锭给之,不足则再赐。④

---

① 《元史》卷一六三。
② 《元史》卷一二,《世祖纪》。
③ 姚燧:《牧庵集》卷一〇,《故提举太原盐使司徐君神道碑》。
④ 《元史》卷二二,《武宗纪》。

天历二年（1329年）以淮浙山东河间四转运司盐引六万为鲁国大长公主汤沐之资。①田租田土之赐则更漫无限制，如大德十一年以永平路为皇妹鲁国长公主分地，租赋及土产悉以赐之。②越王秃剌以绍兴路为食邑，岁割赐本路租赋钞四万锭。③延祐二年赐诸王别铁木儿永昌路及西凉州田租。④至顺元年封诸王卯泽为永宁王，以所隶封邑赐之。⑤所赐租赋天历二年改为折钞：

诸王公主官府、寺观拨赐田租，除鲁国大长公主听遣人征收外，其余悉输于官，给钞酬其直。⑥

诸王拥有田土之多，如延祐七年晋王也孙铁木儿遣使以地七千顷归朝廷，请有司征其租岁给粮草。⑦至元二年（1336年）以公主奴伦引者思之地五千顷赐伯颜。⑧延祐五年赐丑驴答剌罕平江路田百顷⑨，天历元年以故平章黑驴平江田三百顷及嘉兴芦地赐西安王阿剌忒剌失里⑩，

---

① 《元史》卷三三，《文宗纪》。
② 《元史》卷二二，《武宗纪》。
③ 《元史》卷三五，《文宗纪》。
④ 《元史》卷二五，《仁宗纪》。
⑤ 《元史》卷三四，《文宗纪》。
⑥ 《元史》卷三三，《文宗纪》。
⑦ 《元史》卷二七，《英宗纪》。
⑧ 《元史》卷三九，《顺帝纪》。
⑨ 《元史》卷二六，《仁宗纪》。
⑩ 《元史》卷三二，《文宗纪》。

至顺元年以平江等处官田五百顷赐鲁国大长公主①,致和元年赐燕铁木儿平江官地五百顷②,至元元年以蓟州宝坻县稻田提举司所辖土赐伯颜③,三年以完者帖木儿苏州之田二百顷赐郯王彻彻秃④,至正四年赐脱脱松江田,为立松江等处稻田提领所。⑤

除田土外,诸投下更擅有矿冶水利诸利权。如武宗复赐晋王也孙铁木儿以张铁木儿所献地土金银铜冶⑥,文宗以龙庆州之流杯园池水砣土田赐燕铁木儿⑦。顺帝以采珠户四万赐伯颜⑧,文宗赐燕铁木儿质库⑨。此外有每年例得岁赐,元贞二年(1296年)定诸王朝会赐与,太祖位下金千两,银七万五千两,世祖位金各五百两,银二万五千两,余各有差。⑩至大四年度仁宗登极的朝会赏赐是金三万九千六百五十两,银百八十四万九千五十两,钞二十二万三千二百七十九锭,币帛四十七万二千四百八十八匹。⑪这全是民众的负担。

诸王以贵族兼地主的财力,更经营高利贷事业和商业:

---

① 《元史》卷三四,《文宗纪》。
② 《元史》卷三二,《文宗纪》。
③ 《元史》卷三八,《顺帝纪》。
④ 《元史》卷三九,《顺帝纪》。
⑤ 《元史》卷四一,《顺帝纪》。
⑥ 《元史》卷二三,《武宗纪》。
⑦ 《元史》卷三五,《文宗纪》。
⑧ 《元史》卷三九,《顺帝纪》。
⑨ 《元史》卷三四,《文宗纪》。
⑩ 《元史》卷一九,《成宗纪》。
⑪ 《元史》卷二四,《仁宗纪》。

> 其賈販則自靼主以至伪诸王伪太子伪公主等，皆付回回以銀，或貸之民而衍其息。一錠之本展轉十年後，其息一千二十四錠。或市百貨而懋迁，或托夜偷而責償于民。①

蒙古人不知商贩，此种事业不能不交由犹太及回人代为经营：

> 靼人只是撒花，无一人理会得賈販。只是以銀与回回，令其自去賈販以纳息。回回或自转貸与人，或自多方賈販，或诈称被劫而責償于州县民户。②

因为是交给犹太人负责经营的，蒙古人称犹太人为斡脱（Jude），因即称此种高利贷事业为斡脱官钱：

> 斡脱官钱者，诸王妃主以钱于人，如期并其子母征之，元初谓之羊羔儿息。③

诸王往往以令旨向民间取索钱债，骚扰万状，据下列文件，可见一斑：

> 中统二年（1261年）六月五日都堂为诸投下招收人户，取索钱债，奏奉圣旨谕十道宣抚司。今体知得诸投下差使臣告奉到圣旨及令旨文

---

① 《黑鞑事略》。
② 《黑鞑事略》。
③ 柯劭忞：《新元史》卷七三，《食货志》，《斡脱官钱》。

字,不经由本路官司,径直于州县开读,索取钱债骚扰。为此特降圣旨:今后遇有各投下取索钱债,先须经由本路宣抚司行下达鲁花赤管民官,钱债公事,不得一同拘收人员取索。若委系己身借过钱债,照依先降圣旨于宣抚司定夺,立限归还,违者并行治罪。①

中统三年(1262年)定诸王投下取索债负人员须至宣抚司彼此对证,委无异词,依一本一利还之。毋得将欠债官民人等强行拖曳人口头匹准折财产,搅扰不安,违者罪之。②至元元年(1264年)又定诸王不得以银与非投下人为斡脱之令,大德元年又禁权豪斡脱③,使此种高利贷事业为诸王所独擅。后来因为向百姓要账,感觉麻烦,于至元四年特立诸位斡脱总管府。八年又立斡脱所④,专为诸王追征本息。在中央则于至元二十年立斡脱总管府,专管借钱取息,姚燧《高昌忠惠王神道碑铭》:

世祖初独掌第一宿卫奏记兼监斡脱总管府,持为国假贷权,岁出入恒数十万锭缗。月取子八厘,实轻民间缗取三分者几四分三。⑤

诸王所取的利是上文所举的羊羔儿息,一锭本钱在十年后要还

---

① 王恽:《中堂事记》。
② 《新元史》卷七三,《食货志》。
③ 《元史》卷五,《世祖本纪》;《新元史》卷七三,《食货志》。
④ 《元史》卷六,《世祖纪》;《新元史》卷七三,《食货志》。按斡脱所,《元史·世祖纪》作至元九年立。
⑤ 《牧庵集》卷一三。

一千二十四锭。在法律所许可的利率是每月三分,中央的是八厘,相差太多,也许这碑文也如通常的"谀墓之辞",不一定可信。诸投下所放高利贷,政府为特立法律保障:

元贞元年(1295年)二月壬午诏贷斡脱钱而逃隐者罪之,仍以其钱赏首告者。①

政府虽然规定只取一本一利,可是实际上还是不免多取利息。李术鲁翀《参知政事王公(忱)神道碑记》:

诸王分地恩州,其下以钱贷民,加倍征息。公令子母相当而止,余有罪。②

在这制度下,农民多因借斡脱钱而破产丧家:

大德二年诸王阿只吉索斡脱钱,命江西行省籍负债者之子妇。省臣以江南平定之后,以人为贷,久行禁止,移中书省罢其事。③

诸王倚势不顾法令,径行追索骚扰:

---

① 《元史》卷一八,《成宗纪》。
② 《菊潭集》卷二。
③ 《新元史》卷七三,《食货志》;《元典章》卷二七,《户部》,《斡脱钱为民者倚阁》。

大德六年札忽真妃子念木烈大王位下遣使人燕只哥歹等追征斡脱钱物，不由中书省，亦无元借斡脱钱数目，止云借斡脱钱人不鲁罕丁等三人，展转相攀，牵累一百四十余户。

中书省议准："凡征斡脱官钱者，开坐债负户计人名数目，呈中书省转咨行省官同为征理，照验元坐取斡脱钱人姓名依理追征，毋致勾扰违错。著为令。"①政府所能制定的律令，只是不许诸王径自追索，须经中央政府转行地方长官代为负责追取，然而实际上，这也不过是和其他约束一样，价值只是一纸空文而已。

诸贵族分地虽然规定只能收五户丝和户钞，可是在实际上却往往不照这规定，自征金银。农民无从得金银，只能将货物贱卖去换取，金银的价格因之日高，农业品及工艺品之价格就愈贱，结果不能应付，只能相率逃亡。例如郝经所言拔都之平阳分地：

平阳一道隶拔都大王，又兼真定河间道内鼓城等五处。以属籍最尊，故分土独大，户数独多。假使诸道内只纳十户四斤丝，一户包银二两，亦自不困。近岁公赋仍旧，而王赋皆使贡金，不用银绢杂色，是以独困于诸道。河东土产枲多于桑，而地宜麻，专纺绩织布，故有大布、卷布、板布等，自衣被外，折损价值，贸易白银以供官赋。民淳吏质，而一道课银独高天下。造为器皿，万里输献，则亦不负王府也，又必使贡黄金。始白银十折，再则十五折，复至二十三十折，至

---

① 《新元史》卷七三，《食货志》；《元典章》，卷二七，《户部》，《斡脱钱为民者倚阁》。

白银二两易黄金一钱。自卖布至于得白银，又至于得黄金，其费空筐筐之纺绩，尽妻女之钗钏，犹未充数，榜掠械系，不胜苦楚，不敢逃命，亦已极矣。①

同时所分领地得行再分割制，小领主日多，农民之苦痛亦日甚，郝经又说：

今王府又将一道细分，使诸妃王子各征其民，一道州郡至分五七十头项，有得一城或数村者，各差官临督……诛求无艺，于是转徙逃散。②

此种情形到中叶犹然，延祐元年（1314年）下令禁诸王支属径取分地租赋扰民③，可以看出这制度是普遍施行的，其他分地亦有同样情形。

太宗八年（1236年）定各位下止设达鲁花赤，朝廷置官吏收其租颁之，非奉诏不得征兵赋。④这一条法令的用意原是约束诸投下，使不得和平民发生直接关系，任意加以压迫。可是单是表面上的法律，并不能约束诸领主，诸王可以直接用令旨命令地方官吏，如不听命，便利用他们的地位和武力，对地方官吏加以殴辱。皇庆元年对诸王任

---

① 《陵川文集》卷三二，《河东罪言》。
② 《陵川文集》卷三二，《河东罪言》。
③ 《元史》卷二五，《仁宗纪》。
④ 《元史》卷二，《太宗纪》。

意宣旨加以取缔："禁诸王径宣旨于各路。"①大德七年禁诸王驸马毋辄杖州县官吏，违者罪王府官。②大德三年禁诸王投下擅置官府，紊乱选法。③大德元年禁各位下擅据矿炭、山场。④诸领主更有擅据河泊、关津、桥梁并诸人扑认牙例诸名色抽分等钱的。⑤对平民则更任意剥削掠夺，官府不敢过问。在初期诸王廪膳并由民间供给：

诸王分土并门，廪饩岁取民间。或不能供，辄立契约，母息倍称。或不能偿，隶其子女。民患苦之。（王忱）请出钱县官赎还其亲者百二十四人。于是诸王膳资岁颁于官，民瘼始苏。⑥

更有私役富室为柴米户，任意科派赋外杂徭的。⑦至大德间，各投下官吏恃顽不同常调，但凡有所需物色，皆科拨本管人户。⑧在这双重统治下的元代平民，我们可以举邢州来代表：

邢州当要冲，初分二千户为勋臣食邑，岁遣人监领，皆不抚治，征求百出，民不堪命。⑨

---

① 《元史》卷二四，《仁宗纪》。
② 《元史》卷二一，《成宗纪》。
③ 《元史》卷二〇，《成宗纪》。
④ 《元史》卷一九。
⑤ 《元典章》卷三。
⑥ 孛术鲁翀：《菊潭集》卷二，《参知政事王公神道碑》。
⑦ 《元史》卷一五，《世祖纪》。
⑧ 《通制条格》卷三。
⑨ 《元史》卷一五七，《张文谦传》。

贵族生活可以举威顺王来代表：

> 湖广地连江北，威顺王岁尝出猎，民病之。又起广乐园，多萃名倡巨贾以网大利，有司莫敢忤。①

---

① 《元史》卷一四四，《星吉传》。

主奴之间 *

奴才有许多等级，有一等奴才，有二等奴才，也有奴才的奴才，甚至有奴才的奴才的奴才。

我们的人民，自来是被看作最纯良的奴才的，"不可使知之"是一贯的对付奴才的办法，就是"民为邦本，本固邦宁"，和"民为贵，社稷次之，君为轻"一套话，虽然曾被主张中国式的民主的学者们，解释为民主，民权，以至民本等等，其实拆穿了，正是一等或二等奴才替主人效忠，要吃蛋当心不要饿瘦，或者杀死了母鸡，高抬贵手，留得青山在，不怕没柴烧，图一个长久享用的毒辣主意。证据是"有劳心，有劳力，劳心者食于人，劳力者食人"。老百姓应该养贵族，没有老百姓，贵族哪得饭吃！

老百姓是该贡献一切，喂饱主人的，其他的一切，根本无权过问，要不然，就是大逆不道。六百年前一位爽直的典型的主子，流氓头儿朱元璋曾毫不粉饰地说出这样的话，《明太祖实录》卷一百五十：

> 洪武十五年（1382年）十一月丁卯，上命户都榜谕两浙江西之民曰：为吾民者当知其分。田赋力役出以供上者，乃其分也。能安其分，则保父母妻子，家昌身裕，为仁义忠孝之民，刑罚何由及哉！近

---

* 本文出自吴晗《历史的镜子》，1946年8月生活书店出版。——编者注

来两浙江西之民多好争讼，不遵法度，有田而不输租，有丁而应役，累其身以及有司，其愚亦甚矣！曷不观中原之民，奉法守分，不妄兴词讼，不代人陈诉，惟知应役输租，无烦官府，是以上下相安，风俗淳美，共享太平之福，以此较彼，善恶昭然。今特谕尔等，宜速改过从善，为吾良民，苟或不悛，则不但国法不容，天道亦不容矣！

"分"译成现代话，就是义务，纳税力役是人民的义务，能尽义务的是忠孝仁义之民。要不，刑罚一大套，你试试看，再不，你不怕国法总得怕天，连天地也不容，可是见义务之不可不尽。至于义务以外的什么，现代人所常提的什么民权，政治上的平等，经济上的平等，等等，不但主子没有提，连想也没有想到。朱元璋这一副嘴脸，被这番话活灵活现地画出来了。

朱元璋为什么单指两浙江西的人民说，明白得很，这是全国的谷仓，人口也最稠密。拿这个比那个，也还是指桑骂槐的老办法。其实，中原之民也不见得比东南更奴化，不过为了对衬，这么说说而已。

在古代，主子和奴才的等级很多，举例说，周王是主子，诸侯是奴才。就诸侯说，诸侯是主子，卿大夫又是他的奴才。就卿大夫说，卿大夫是主子，他的家臣是奴才。就家臣说，家臣是主子，家臣的家臣又是奴才。就整个上层的统治者说，对庶民全是主人，庶民是奴才，庶民之下，也还有大量的连形式上都是奴才的奴隶。

主奴之间的体系是剥削关系，一层吃一层，也就是一层养一层，等到奴才有了自觉，我凭什么要白养他，一层不肯养一层，愈下层的人愈多，正如金字塔一样，下面的础石不肯替上层驮起，哗啦一下，上层组织整个垮下来，历史也就走进一个新阶段了。

这时期主奴关系的特征，除了有该尽义务的庶民和奴隶以外，上层的主子（除王以外，同时又是奴才），全有土地的基础，大小虽不等，却都有世世继承的权利。跟着土地继承下来的是政治，社会上法律上的特殊的固定的地位。因之，所谓主奴只有相对的区分，都是土地领主，主子是大领主，奴才是小领主。也就是世仆。一层层互为君臣，构成一个剥削系统。

维护这个剥削系统的理论，叫做忠。一层服从一层，奴才应该养主子。在这系统将要垮的时候，又提出正名，君君臣臣父父子子，主子永远是主子，奴才永远是奴才。又提出尊王，最上层的主子被尊重了，下几层的主子自然也会同样被尊重，他们的利益就全得到保障。用现代话说，也就是维持阶级制度，维持旧时的剥削系统。

在这系统下，互为主奴的领主，在利害上是一致的，因之，主奴的形式的对立就不十分显明。而且，这金字塔式的系统，愈下层基础就愈宽，人数愈多，力量愈大，因之，在政治上，很容易走上君不君臣不臣，诸侯和王对立，卿大夫和诸侯对立，家臣和卿大夫对立的局面。上古时代的剥削系统，可以下这样一个结论，就是那时代的主奴关系，是若干小领主和大领主的关系，大小虽然不同，在领主的地位上说是一样的。而且，因为分割的缘故，名义上最大的领主，事实上反而占有土地最少。因之，他所继承的最高地位是一个权力的象征，徒拥武器。实权完全在他的奴才，分取他的土地的卿大夫手上，家臣手上。因之，主奴又易位了，奴才当家，挟天子以令诸侯，陪臣执国政，名义上的奴才是实质上的主人。

出主入奴，亦主亦奴，是主而奴，是奴而主，奴主之间，怕连他们自己也闹不十分清楚。

明代的殉葬制度
——"美德组成的黄金世界"之一斑 *

明天顺八年（1464年）正月英宗大渐，遗诏罢宫妃殉葬。[①]这是明史上一件大事。在此以前，宫妃殉葬是明代的成例。毛奇龄《彤史拾遗记》说："初太祖……四十六妃陪葬孝陵，其中所殉惟宫人十数人。洪武三十一年七月建文帝以张凤……十一人由锦衣卫所试百户散骑舍人带刀舍人进为本所千百户，其官皆世袭，以诸人皆西宫殉葬宫人父兄，世所称朝天女户者也。成祖……十六妃葬长陵，中有殉者。仁宗殉五妃，其余三妃以年终别葬金山。宣宗殉十妃。嗣后皆无殉，自英宗始。惟景泰帝尚以唐妃殉，则天顺元年事在遗诏前。"[②]不但是皇帝，即诸王亦有殉葬例。《明史·周王传》："有燉正统四年薨，无子。帝（英宗）赐书有爌曰：周王在日，尝奏身后务从俭约，以省民力。妃夫人以下不必从死，年少有父母者遣归。既而妃巩氏，夫人施氏、欧氏、陈氏、张氏、韩氏、李氏皆殉死，诏谥妃贞烈，六夫人贞顺。"帝王之薨，由群臣议殉葬，一经指定，立即执行。《彤史拾遗记·唐妃传》："郕王薨，群臣议殉葬及妃，妃无言，遂殉之，葬金山。"

---

* 原载《大公报·史地周刊》第十七期，1935年1月11日。——编者注
[①]《明史》卷一二，《英宗后纪》；卷一七六，《彭时传》。
[②]《明史》卷一一三，《郭嫔传》，事同稍简。

殉葬时的情形，《朝鲜李朝世宗实录》有一段记载："六年（永乐二十二年，1424年）十月戊午登极，使臣礼部郎中李琦，通政司参议彭璟言，前后选献韩氏等女皆殉大行皇帝。帝崩宫人殉葬者三十余人。当死之日，皆饷之于庭，饷辍俱引升堂，哭声震殿阁。堂上置木小床，使立其上，挂绳围于其上，以头纳其中，遂去其床，皆雉经而死。韩氏临死顾谓金黑曰：娘，吾去！娘，吾去！语未竟，旁有宦者去床，仍与崔氏俱死。诸死者之初升堂也，仁宗亲入辞诀。"[①]韩妃、崔妃俱朝鲜人，金黑为韩妃乳母。

宫妃殉葬后，除优恤其家人外，例加死者谥号，《明英宗实录》卷三记："宣德十年（1435年）三月庚子，赠皇庶母惠妃何氏为贵妃，谥端肃。赵氏为贤妃，谥纯肃。吴氏为惠妃，谥贞顺。焦氏为淑妃，谥庄静。曹氏为敬妃，谥庄顺。徐氏为顺妃，谥贞惠。袁氏为丽妃，谥恭定。诸氏为恭妃，谥贞靖。李氏为充妃，谥恭顺。何氏为成妃，谥肃僖。谥册有曰：兹委身而蹈义，随龙驭而上宾，宜荐徽称，用彰节行。"景泰帝之崩，殉葬宫人除唐妃外，当时并曾提及汪皇后，幸为李贤所救免。《明史·景帝废后汪氏传》："景帝崩，英宗以其后宫唐氏等殉，议及后。李贤曰：妃已幽废，况两女幼，尤可悯。帝乃已。"

从英宗以后，明代帝王不再有殉葬的定例，可是，在另一方面，自任为名教代表的仕宦阶级，却仍拥护节烈，提倡殉夫，死节，举一个例，黄宗羲《南雷文案·唐烈妇曹氏墓志铭》："烈妇曹氏年十九归同邑唐之坦，之坦疾革，谓其夫曰：君死我不独生……除夕得间，

---

① 《朝鲜李朝世宗实录》卷二六。

取其七尺之余布,自经夫柩之旁,年二十五,许邑侯诣庐祭之,聚观者数千人,莫不为叹息泣下。"

第二编

古代官僚系统的运行奥秘：
王朝存续的关键核心

汪辉祖论做州县官 *

在旧时代，老百姓最怕见官。老百姓和官的关系，第一是要完钱粮；第二是要打官司。官很多，有各种各样的官。这里所说的官是州、县官。州、县以上的官是只管州、县官的，并不直接治理百姓。因此，州、县官被称为父母官，也叫作牧令。牧是看牛羊的人，把州县官比作牧人，老百姓比作牛羊，挥鞭一吆喝，老百姓就得跟着走。

经过几千年官的统治，历史上出现了很多坏官，也有一些好官，其中有些人还总结了做官的经验，写了书。汪辉祖的《学治臆说》就是其中之一。

汪辉祖（1730—1807），浙江萧山人。当了三十年的幕友，后来考中了进士，也做了县官、州官。初任河南宁远知县，这个地方老百姓欠钱粮的很多，又好打官司，他和百姓说清楚，审官司的责任在官，完钱粮的责任在民，立下章程，十天内以七天审官司，两天收钱粮，一天办文件，把地方治理得很好，百姓很喜欢。

《学治臆说》的主要内容讲的是审案和收钱粮的经验，以及对待幕友、隶役、上官的方法。书里没有一条讲到农业生产；至于工业，那就更不用说了。书中对文化事业也未提及，偶尔提到教育，如创办

---

* 原载《文汇报》，1962 年 7 月 6 日。——编者注

书院，他也主张"事慎创始"，不必举办。汪辉祖是个好官，好官的经验如此，其他的更可想而知了。我想，从这部书里，也可以领悟到中国封建社会长期停滞的原因。

有些经验也还有意思，如《尽心》条讲："名为知县、知州，须周一县一州而知之，有一未知，虽欲尽心，而不能受其治者。"必须了解情况，才能办事。《初任须体问风俗》条说：人情风俗，各处不同，不可以凭主观见解办事。要解决某一问题，就得在群众中找有经验的人，征求他们的意见，再作出决定。这样，一天解决一个问题，一百天就可解决一百个问题，不要几个月时间，就可以学会办事了。这种着重征求当地群众意见的办法是对头的。《宜因时地为治》条说：有才有识是可以办好事情的，但是才要练达，识要明通，碰到彼此殊尚，今昔异势的，就要因时、因地，筹其所宜。不要倚恃才识，独行其是。这是说要因地、因时制宜，不要专靠老经验。譬如医生用药，不知道切脉加减，只靠成方，没有不坏事的。《须为百姓惜力》条说："欲资民力，必先为民惜力。"这也是句好话。

像《学治臆说》这样的书，流传下来的还很多。读些这样的书，不但可以进一步了解过去的政治、社会情况，也还可以从中汲取某些有用的东西。

宋官制杂释*

《宋史·职官志序》：

宰相不专任三省长官，尚书、门下并列于外，又别置中书禁中，是为政事堂，与枢密对掌大政。天下财赋，内庭诸司，中外管库，悉隶三司。中书省但掌册文、覆奏、考帐；门下省主乘舆八宝，朝会板位，流外考较，诸司附奏挟名而已。台、省、寺、监，官无定员，无专职，悉皆出入分莅庶务。故三省、六曹、二十四司，类以他官主判，虽有正官，非别敕不治本司事，事之所寄，十亡二三。故中书令、侍中、尚书令不预朝政，侍郎、给事不领省职，谏议无言责，起居不记注；中书常阙舍人，门下罕除常侍，司谏、正言非特旨供职亦不任谏诤。至于仆射、尚书、丞、郎、员外，居其官不知其职者，十常八九。

宋沿前朝之旧，官制最为混乱繁复。乾德以来，又因事设官，代有增置，重床叠架，名实俱紊。太宗时罗处约曾言其弊。《宋史》卷四四〇《罗处约传》：处约以朝议欲于三司增十二员判官，乃应诏上奏曰："臣以三司之制非古也……以臣所见，莫若复尚书都省故事，

---

* 原载《文史杂志》第一卷第十一期，1941 年 11 月。——编者注

其尚书丞郎、正郎、员外郎、主事、令史之属，请依六典旧仪。以今三司钱刀粟帛管榷支度之事，均在二十四司，如此则各有司存，可以责其集事。今则金部、仓部安能知储廪帑藏之盈虚，司田、司川孰能知屯役河渠之远近，有名无实，积久生常……九寺、三监多为冗长之司，虽有其官，不举其职。"真宗即位，柳开亦上言："臣又以宰相、枢密，朝廷大臣，委之必无疑，用之必至当。铨总僚属，评品职官，内则主管百司，外则分治四海。今京朝官则别置审官，供奉、殿直则别立三班，刑部不令详断，别立审刑，宣徽一司全同散地。大臣不获亲信，小臣乃谓至公。至如银台一司，旧属枢密，近年改制，职掌甚多，加倍置人，事则依旧，别无利害，虚有变更。臣欲望停审官、三班，复委中书、枢密、宣徽院，银台司复归枢密，审刑院复归刑部，去其繁细，省其头目。"①咸平四年（1021年）杨亿上疏曰："国家遵旧制，并建群司，然徒有其名，不举其职。只知尚书会府，上法文昌，治本是资，政典攸出，条目皆具，可举而行。今之存者，但吏部铨拟，秩曹详覆。自余租庸管榷，由别使以总领；天籍伍符，非本司所校定。职守虽在，或事有所分；纲领虽存，或政非自出。丞辖之名空设而无违可纠，端揆之任虽重而无务可亲。周之六官，于是废矣。且如寺、监素司于掌执，台、阁咸著于规程，昭然轨仪，布在方册。国家虑铨拟之不允，放置审官之司；忧议谳之或滥，故设审刑之署；巩命令之或失，故建封驳之局。臣以为在于纪纲植立，不在于琴瑟更张。若辩论官材归于相府，即审官之司可废矣；详评刑辟属于司寇，即审刑之署可去矣；出纳诏命关于给事中，即封驳之局可罢矣。至于

---

① 《宋史·柳开传》。

尚书二十四司各扬其职,寺、监、台、阁悉复其旧,按六典之法度,振百官之遗坠,在我而已,夫岂为难。如此则朝廷益尊,堂陛益严,品流益清,端拱而天下治者,由兹道也。"[1]

诸人所论均深中时弊,为后来熙宁校《唐六典》、元丰正官制张本。然宋初官之所以日冗,制之所以日繁,太祖、太宗实有深意,非惟徒沿前朝旧贯而已也。盖自唐中期以来,藩镇割据,赋税甲兵均归节下,中朝虚拱,受制群帅,周世宗欲矫其弊而未有所施为。太祖禅立,将帅宰执均周朝臣子,赵氏孤立于上,亦未敢有所更张。迨泽、潞(李筠)、淮南(李重进)相继削平,始罢石守信等以禁兵自隶。继诏诸州选骁卒入为禁兵,萃精锐于京师,因次第罢诸节镇兵权使入奉朝请,又置诸州通判。分地方长吏权。乾德二年始罢前朝范质等三相,代以亲臣赵普,以新进薛居正、吕余庆佐之。继置转运使,尽收诸道财赋实京师。至是地方分权之局乃一变而为中央集权之局,此一变也。大权既集,然立国未久,政府官守均因前朝,中书枢密枢卫所寄,因事集而别置司局,所以分二府之权;因职分而创立"差遣",所以收臂使之效;此虽杜朝官专擅之渐,然更深官冗职繁之弊。由中央集权,而又转为诸司分权,前朝旧官徒为寄禄,馆阁差遣浸成贵途,此又一变也。新朝佐命固已遍列二府,然中外官司犹是前代旧人;太宗继位后,遂特增举额,广罗俊彦,一经释褐,便入仕途,取士之多,前代无比,待士之厚,后世踵传。以新植之人材,任亲民之重寄,事新政令,屏卫宗家,此又一变也。宋初立国规模大略如此,其谋议大概均发自赵普,李攸《宋朝事实》卷九《官职门》原注:

---

[1]《宋史》卷一六八。

太宗用赵普议，置考课院、审官院，以分中书之权。

注下有案语云："案赵普卒在淳化三年七月，审官院、考课院置在四年五月。"考《九朝编年》云：从苏易简之请也。此书作赵普，或普先有此议，至是因易简踵成之，然其设官之意，在分中书之权则可断言也。

宋官制以元丰改制故，前后大不同，尤以寄禄官与散官为最易混淆。元人修《宋史》亦复不明前后之别，混杂书之。清儒钱大昕曾论之云："宋之官制前后不同，元丰以前所云尚书、侍郎、给事、谏议、诸卿、监、郎中、员外郎之属，皆有其名而不任其职，谓之寄禄官，以为叙迁之阶而已。元丰以后，尚书、侍郎等皆为职事官，而以旧所置官为寄禄官。故元丰以后之金紫光禄大夫犹前之吏部尚书也，银青光禄大夫犹前之五部尚书也，正议大夫犹前之六部侍郎也，太中大夫犹前之谏议大夫也，朝请、朝散、朝奉郎，犹前之诸曹员外郎也。元人修史者未审宋时更改之由，其撰诸臣列传也，误以尚书侍郎等为职事官而一概存之，误以大夫郎为散官而多删去之。不知元丰以前所云散官不过如勋封功臣食邑之类，徒为文具无足重轻，史家固宜从略，其后改为寄禄，以校官资之崇卑，则亦不轻矣，著谓寄禄不必书，则如尚书侍郎等在宋初亦是寄禄之阶，又何须一一具载耶？愚意散官不必书而寄禄官不可不书，当以元丰三年为限断。"①

又《宋史》所记典制仅标通旨，苦不详晰，单名类义，会通为难。今以前儒所曾论者略举数例，附著于篇。

---

① 《潜研堂文集》卷二八，《跋宋史》。

（一）官、职、差遣　《宋史·职官志序》："其官人受授之别，则有官、有职、有差遣。官以寓禄秩、叙位著，职以待文学之选，而别为差遣以治内外之事。"《潜研堂文集》卷三四《答袁简斋书》："宋时百官除授，有官有职有差遣，如东坡以端明殿学士朝奉郎知州，知州事差遣也，端明殿学士职也，朝奉郎则官也。差遣罢而官职尚存，职落而官如故。古之优礼臣工如此。非有大罪，断无侪于编户之理，至明而待士之礼薄矣。"

（二）京朝官、常参官　《宋史·职官志序》："大凡一品以下谓之文武官，未常参者谓之京官。"《选举志》三："前代朝官自一品以下者皆曰常参官，其未常参者曰未常参官；宋曰常参者曰朝官，秘书郎以下未常参者曰京官。"陆游《老学庵笔记》卷八："唐自相辅以下皆谓之京官。言官于京师也。其常参者曰常参官，未常参者曰未常参官。国初以常参官预朝谒，故谓之升朝官，而未预者曰京官。元丰官制行，以通直郎以上朝预宴坐，仍谓之升朝官，而按唐制去京官之名。凡条制及吏牍止谓之承务郎以上，然俗犹谓之京官。"《宋会要·职官》五九之三："先是常参官自一品以下皆谓之京官，其未常参者谓之未常参官。近代以常参官为朝官，未常参官为京官，故有京朝官之目焉。"

（三）常调、出常调　洪迈《容斋四笔》卷二："偶见文潞公在元祐中任平章军国重事，宣仁面谕，令具自来除授官职次序一本进呈，公遂具除改旧制节目以奏。其一云：'吏部选两任亲民，有举主，升通判。通判两任满，有举主，升知州军，谓之常调。知州军有绩效，或有举荐，名实相副者，特擢升转运使副判官，或提点刑狱、府推、判官，谓之出常调。转运使有路分轻重远近之差，河北、陕西、河东三路为重路，岁满多任三司使副，或发运使，发运任满，亦充三司副使。成都路次三路，京东西、淮南又其次，江东西、荆湖、两浙又次之，二广、福建、梓、利、夔路为远小。以上三等路分，转运任满，或就移近上次等路分，或归任省府判官，渐次擢充三路重任。内提点刑狱，则不拘路分轻重除授'。潞公所奏乃是治平以前常行，今一切荡然矣。京朝官未尝肯两任亲民，才为通判，便望州郡至于监司，既无轻重远近之间，不复以序升擢云。"

（四）行、守、试　《宋会要·职官》五六之七："元丰四年十月二十七日诏，自今除授职事官，并以寄禄官品高下为法。凡高一品以上者为行，下一品者为守，下二品以下者为试。品同者不用行、守、试。"《宋史·职官志三·吏部》《职官志九·叙迁之制》所记同。《潜研堂文集》卷三四《答袁简斋书》："行、守、试则以官与职之高下而别，《长编》载元丰四年诏：'曰今除授职事官，并以寄禄官品高下为法。高一品者为行，下一品者为守，二品以下为试，品同者不用行、守、试。'……柳公权书符璘碑，其题云：'辅国大将军行左神策军将军'，辅国大将军阶正二品，左神策将军阶从三品，此高一品为行之证也。其结衔云：'朝议大夫守尚书工部侍郎。'朝议大夫阶正五品，侍郎官正四品，此下一品为守之证也。五代时李琪为宰相所私吏当得试官，琪改试为守，遂为同官所纠，此试不如守之证也。判与知之分，则宋次道《春明退朝录》所云'品同为知，隔品为判'者，得之。宋初曹翰以观察使判颍州，盖用隔品为判之例。后来惟辅臣及官仆射以上领州府事称判，其余皆称知不称判矣。判、知之外又有云权发遣者，则以其资，轻而易进，故于结衔稍示区别。程大昌云：'以知县资序隔二等而作州者，谓之权发遣以通判资序隔一等而作州者，谓之权知'是也。宋制六曹尚书从二品，而权尚书则正三品，侍郎从三品，而权侍郎从四品，则权知与知亦大有别矣。"

（五）两制、侍从 宋以翰林学士掌内制，中书舍人掌外制，合称两制。赵彦卫《云麓漫钞》卷五："翰林学士司麻制批答等，为内制，中书舍人六员分房行词，为外制云。"洪迈《容斋三笔》卷一二："国朝官称谓大学士至待制为侍从，谓翰林学士、中书舍人为两制，言其掌行内、外制也。舍人官未至者，则云知制诰，故称美之为三字。谓尚书侍郎为六部长贰，谓散骑常侍、给事谏议为大两省。其名称如此。今尽以在京职事官自尚书至权侍郎及学士、待制均为侍从，盖相承不深考耳。"

（六）选人 《宋史·选举志·铨法》具言选人入官之法，而不详选人之名何指。按《云麓漫钞》卷四"选人"一条所记较明晰，录以备读《宋史》之参证："选人之制始于唐，自中叶以来，藩镇自辟召，谓之版授，时号假版官，言官未受王命故假摄之耳。国朝既收诸镇权，自一命以上皆注吏部选，而选人有七阶，留守判官至观察判官为一等，今承直郎。节度掌书记、观察支使为一等，今儒林郎。防御团练军事判官、京府至观察推官为一等，今文林郎。防御团练军事推官为一等，今从事郎。县令、录事参军为一等，今从政郎。试衔知县、知录事为一等，今修职郎。军巡判官、司户等参军、主簿、尉为一等，今迪功郎。宁和间方改从今制，有举官五员及六考以上无过许改入京官。考国初，壬子进士甚鲜，内而侍从、常参官，外而监司、守、倅皆得荐举。历任及四考，有举官四员，许改官。增考为六考，举官为五人于皇祐，罢常参官荐举于康定，罢知杂御史以上荐举于治平，罢通判荐举于熙宁，禁补发于乾道，削荐纸、严岁额于淳熙，增教官、添县丞、诸司属官而员益冗,举削日灭,人有淹滞之叹。"

(七)知县、县令 知县与县令不同,李心传《旧闻证误》卷一:"大抵国初之制,朝官出为县令则解内职,朝官出为知县则带本官。由此言之,令与知县不同,甚明。"《云麓漫钞》卷一〇:"唐制:县令阙,佐官摄县曰知县事。李翱任工部志文云:'摄富平尉、知县事'是也。今差京官曰知县,差选人曰令,与唐异矣。"于慎行《笔麈》:"宋时大县四千户以上选朝官知,小县三千户以下选京官知,故知县与县令不同。以京朝官之衔知其县事,非外吏也。"

(八)朝官称谓 《宋史·职官志》八:"淳化三年(992年)*国子祭酒孔维上言:'中外文武官称呼假借,逾越班制,伏请一切禁断'。太宗命翰林学士宋白等议之。白等请:'自今文武台、省官及卿、监、郎中、员外并呼本官,太常博士、大理评事并不得呼郎中,诸司使、诸卫将军未领刺史者及诸司副使不得呼太保,供奉官以下不得呼司徒,校书郎以下令、录事不得呼员外郎,判、司簿、尉不得呼侍御,待诏、医官不得呼奉御,其文武职事州县官,如有检校、兼、试、同正官者,称之。'"唐人官称喜标新目,宋仍唐旧,士夫书状亦因仍之。洪迈《容斋四笔》卷一五:"唐人好以他名标榜官称……太尉为掌武,司徒为五教,司空为空土,侍中为大貂,散骑常侍为小貂,御史大夫为亚台、为亚相、为司宪,中丞为独坐、为中宪,侍御史为端公、南床、横榻、杂端,又曰脆梨,殿中为副端,又曰开口椒,监察为合椒,谏议为大坡、大谏,补阙(今司谏)为中谏,又曰补衮,拾遗(今正言)为小谏,又曰遗公,给事郎为夕郎、夕拜,知制诰为

---

* 原文如此。《宋史》中此处为淳化元年(990年)。——编者注

三字，起居郎为左螭，舍人为右螭，又并为修注，吏部尚书为大天，礼部尚书为大仪，兵部为大戎，刑部为大秋，工部为大起，吏部郎为小选、为省眼，考功、度支为振行，礼部为小仪、为南省舍人（今为南宫），刑部为小秋，祠部为冰（柄）厅，比部为比盘，又曰昆脚皆头，屯田为田曹，水部为水曹，诸部郎通曰哀鸟、侬鸟，太常卿为乐卿，少卿为少常、奉常，光禄为饱卿，鸿胪为客卿，司农为走卿，大理为棘卿，评事为廷平，将作监为大匠，少监为少将，秘书监为大篷，少监为少篷，左右司为都公，太子庶子为宫相，宰相呼为堂老，两省相呼为阁老，尚书丞郎为曹长，御史拾遗为院长。下至县令曰明府，丞曰赞府、赞公，尉曰少府、少公、少仙。"唐、宋作者记此者倘多，汇而存之，亦治史者之一助也。

论士大夫 *

照我的看法，官僚、士大夫、绅士、知识分子，这四者实在是一个东西。虽然在不同的场合，同一个人可能具有几种身份，然而，在本质上，到底还是一个。在这里，为了讨论上的方便，我们还是不能不按照这四个不同的名词，分开来讨论所谓"士大夫"。

平常，我们讲到士大夫的时候，常常就会联想到现代的"知识分子"。这就是说，士大夫与知识分子，两者间必然有密切的关系。官僚是就士大夫在官位时的称号，绅士则是士大夫的社会身份。本来，士大夫是封建社会的标准产物，而知识分子则是半封建半殖民地社会的标准产物。或者说，今日的知识分子，在某些方面相当于过去时代的士大夫，过去的士大夫有若干的特性还残存在今日知识分子的劣根性里面。

从历史上来看，大夫原来在士之上，大夫是王侯的家臣，而士则是大夫的家臣。古代的士，原是武士，主要的职责是从事战争，是武士而非文士。一向被王侯大夫养着，叫作养士，这里所谓"养"，正和养鸡养猪养牲口同一道理，同一性质。"食人之禄，忠人之事。"

---

* 文前有原编者的说明："这是今年（1948年）春吴晗在清华大学同方部的讲演，有两个记录稿，一个发表在《时与文》，一个在《清华旬刊》，都不很完备。现在这个稿子是根据两个记录稿编订的。"——编者注

受谁豢养，给谁效劳；吃谁的饭，替谁作事；有奶便是娘；要想吃得肥吃得饱就得卖命去干。到后来由于社会的动荡变化，王侯贵族失去了所继承的一切，不但没有人养得起士，连原来养士的人也不能不被人所养了。这时候，士不可能再捧着旧衣钵，吃闲饭，只好给人家讲讲故事，教书，办事，打杂，作傧相办红白大事，作秘书跑腿过日子，于是一变而为文士，从帮凶变成帮闲的。跟着，找到了新路，不是作王侯的家臣，而是从选举征辟等途径，攀上了高枝儿，作皇帝的食客雇工，摇身一变为大夫，为官僚。于是，几千年来，士大夫联成了一个名词，具有特定的内容、特征。

士大夫的内容、特征是什么呢？分析地说：

第一，士大夫有享受教育机会的特权，独占知识，囤积知识，出卖知识，"学成文武艺，货与帝王家"。知识商品化，就这点而论，士大夫和今天的知识分子完全一样。

过去的国立学校，无论是太学、国子学、国学，以至国子监等等，学生入学的资格是依父祖的官位品级，平民子弟极少机会入学，甚至完全不许入学。

第二，士大夫的地位，处于统治者和被统治者之间，上面是定于一尊的帝王，下面是芸芸的万民。对主子说是奴才，奴才是应该忠心替主人服务的，依权附势，从服务得到权位和利益，分享残羹剩饭。对人民说，他们又是主子了，法外的榨取、剥削、诛求，兼并土地，包庇赋税，走私囤积，无所不用其极。对上面是一副奴颜婢膝的脸孔，对下面是另一副威风凛凛的脸孔，这两副面孔正如《镜花缘》里所描写的，对人一副笑脸，背后的一副用布蒙住，士大夫用的这块布，上面写着"仁义道德"四个大字。对主子劝行王道、仁政，采取宽容作风,留母鸡下蛋。对人民,欺骗,威吓,麻醉,制造出种种理论,来掩饰剥削的勾当。比如大家都反饥饿,他们曾说:"没饭吃,平常事。饭该给有功的人吃,因为人家在保护你们。为什么要吵吵闹闹呢?何况有的是草根、树皮!"甚至说:"要那么些钱干什么,已经差强人意了,还要闹,失去清高身份!"理论没人理,跟着是刑罚,所谓"齐之以刑"。再不生效,更严重的一套就来了。两面作风,其实是一个道理,就是不要变,不要乱。如果非变不可,也要慢慢地变,一点一滴地变,温和地变,万万不能乱,为的是一变就不能不损害他们的既得利益,乱更不得了,简直要从根挖掉他们的基业。他们要保持现状,要维持原来的社会秩序,率直一点说,也就是维持自己的财产和地位,这类人用新名词说,就是所谓自由主义者。

第三,士大夫享有种种特权,例如,免赋权,免役权,做各级官吏之权,居乡享受特殊礼貌之权,包办地方事业之权,打官司奔走公门之权,作买卖走私漏税之权,畜养奴婢之权,子孙继承官位,受教育之权,等等。老百姓要缴纳田租,他们可以不缴,法律规定,官品越高,免赋越多,占有土地的负担越小,造成了经济地位的优越。老百姓要抽壮丁,"有吏夜捉人",不管三丁抽一或是五丁抽二,总之是要出人,但是,士大夫却不必服役,例如南北朝时代士族不服兵役,明朝也有"家里出了个生员,就可免役二丁"的规定。说到做官,这本是士大夫的本分,即使不做官了,在乡作绅士,也还享有特殊礼貌,老百姓连和绅士同起坐、同桌吃饭都是不许可的。如果乡里要举办一些事业,所谓"自治",例如修路、救灾、水利、学校等,士大夫是天然的领袖。要贩运违法货物,有做官的八行书就可免去关卡留难。畜养奴婢,只要财力许可,几千几万都为法律所承认。此外,还有师生、同年、同乡、亲戚，种种关系可以运用，任何角落里都有人情面子，造成一股力量，条条大路都可通行。

第四，相反的，士大夫对国家民族没有义务，不对任何人负责。不当兵，不服役，不完粮纳税，一切负担都分嫁给当地老百姓。一个地方的士大夫愈多，地方的百姓就愈苦。遇有特殊变故，要"有钱出钱，有力出力"的时候，出力的固然是百姓，出钱的还是百姓，士大夫是一毛不拔的，有时候还从中渔利，发一笔捐献财。

第五，因为知识被专利，所以舆论也被垄断了。历史上所谓"清议"一向是士大夫包办的。只有士大夫才会写文章著书，才有资格说话，老百姓是没有份的，即使说了也不过是"刍荛之见"，上达不了，即使上达了，也无人看重。东汉后期的太学生，明末的东林党，清代末年的戊戌变法，都只是站在士大夫立场上，对损害他们的另一剥削集团的斗争——对宦官、外戚、贵族的斗争，和老百姓是不大相干的。

第六，士大夫也就是地主，因为他们可以凭借地位来取得大量土地，把官僚资本变成土地资本，士大夫和地主其实是同义语。反之，光是地主而非士大夫是站不住的，苛捐杂税，几年功夫就可以把这些不识时务的地主毁灭。因之，地主子弟千方百计要钻进士大夫集团，高升一步，来保全并发展产业。地主所看到的是收租的好处，看不见的是农民的困苦。通常形容士大夫"四体不勤，五谷不分"，不但不明白农民的痛苦，甚至连孔子那样人，都以不坐车而步行为失身份。因之，在思想上，在政治上，都是保守的，共同的要求是保持既得利益，无论如何要巩固维护现状，反对一切变革、进步。从整个集团利益来看，士大夫是反变革的、反进步的，也是反动的。最多，也只能走上改良主义的道路。当然，也有形式上是进步的，例如1898年的康有为、梁启超，要求变法，对当时守旧官僚说，比较上是进步的，可是在本质上，他们要求变法的目的，是在保存旧统治权，保存皇帝，也就是保存他们自己的地位和利益，他们的进步立场，只是士大夫本位的形式上的进步，和一般人民的利益并不一致。

由上面的分析，士大夫是站在人民普遍愤怒与专制恐怖统治之间，也站在要求改革要求进步与保守反动之间。用新名词来说是走中间路线，两面都骂，对上说不要剥削得太狠心，通通都刮光了那我们吃什么。对下则说：你们太顽强、太自私、太贪心，又没有知识、又肮脏，专门破坏、专门捣乱，简直成什么东西。其实这些都可以回敬给他们，等于自己骂自己。他们之所以要表示超然的态度，上不着天，下不着地，吊在半空间，这是有好处的。像清朝的曾左李诸公，帮助清朝稳定了江山，便青云直上，在汉人满人之间发展自己。两面骂的好处是万一旧王朝倒了，便可投到新主人的怀抱里，他不是曾经骂过那已经倒了的旧王朝吗？反正不管谁上台总有他们的戏唱，这就是士大夫走中间路线的妙用与作风。

这种士大夫的典型例子，在历史上可以找到不知多少，简直数不胜数。这里只随便举几个谈谈。

一个是钱谦益，明末时候的人，少年时候和东林党混在一起，反贪污，反宦官。后来被政敌一棍打下来之后立刻变成了"无党无派"，在乡间住了几年又变成了"社会贤达"。1644年机会一到，一跃而为礼部尚书，无党无派和社会贤达的衔头都不要了。对东林党人则说：我是当年反贪污反宦官的健将，对当局则拼命献身。清兵一来，首先投降的就是他，死后清廷把他放入"贰臣传"之内。此公不但政治节操如此，在乡间当社会贤达时就是标准的土豪劣绅，无恶不作。

第二个是侯恂，《桃花扇》里面所说的侯朝宗的父亲，此公是明末的重臣，李自成入北京，他就降李自成，清兵入关他就降清，可以说是三朝元老。

还有，再举个明末的例子吧，《燕子笺》的作者阮大铖。他是有名的戏剧家，《燕子笺》《春灯谜》，技巧都不坏，为了娱乐讨好弘光皇帝，清兵快到南京时，他还在忙着找好行头，在宫里献演自己的大作。此公一生，可以分为整整七个时期：第一期，没有大名气，依附同乡东林重望左光斗（阮是安徽人），钻进党去，成了名。第二期，急于做官，要过瘾，要做又大又有权的官。东林看不惯他的卑劣手段，不给他帮忙，于是此公一气之下，立刻投奔魏忠贤，拜在门下做干儿子，成为东林的死对头。替干爹出主意，大抄黑名单。第三期，东林给魏阉一网打尽，他也扶摇直上，和干爹关系很好。可是他很明白大势，预留地步，每次见干爹都花钱给门房买下名片，灭了证据，自打主意。第四时期，魏党失败了，此公立刻反咬一口，清算总账，东林、魏党两边都骂。为什么呢？——表明他是中间分子，不偏不倚。可是人民眼睛是雪亮的，还是给削了官，挂名逆案，呜呼哀哉，一辈子都没有做官的希望了。于是闲居十九年，做社会贤达写写剧本，成为第一流的文学家。第五期，南方名士们创立复社，热闹得很，贵公子都在里面。此公穷居无聊，沉不住气，于是谈兵说政，到处抬出东林的招牌来作自我宣传，想混进复社去把党人收作自己的群众。说："我是老东林，跟你们上代有交情，你们捧捧我吧！"不想那些青年人可真凶，火气大，给他下不来，发宣言（揭帖）指出他一桩一桩的罪状，一棍打击下去，此公又吃了一次亏，气得发昏。第六时期，北都倾覆，政局变了，南朝一个军阀马士英给福王保镖成立新政府。阮受了几年气,于是又勾上了马相国,做了兵部尚书。此公于是神气十足,一边大发议论,武力不以对外,清兵来还好说话,左兵来可难活命。外战不来,内战拼命,一边重翻旧案,排斥东林,屠杀青年,利用特务,要大报旧仇。开了两纸黑名单,一纸五十三名,一纸百〇八名,的的确确送了不少人进集中营,也的的确确杀了不少人。同时大肆贪污(所谓"职方贱似狗,都督满街走",正是南京政府的写照,也正是这样把南京搞垮了台)。第七时期,清兵南下,此公投降了,但是看看福建又建立了新政府,想投机通通消息,结果为清军所杀。此公的变化多端,大概前所未有,然而万变不离宗,总是那么一副嘴脸,为自己打算。

当然,也有天良还剩一丝丝儿的,例如吴梅村,也是风流才子,而且是士大夫的领袖。明亡后,清朝逼他做官,因为怕死,守不住节,只好去做官了。把过去半生的清名,连同社会贤达的牌子都打烂了,一念之差,在威迫利诱之下走错了路,悔恨交加,临死时做了一首绝命词:"万事催华发,论龚生天年竟夭,高名难没,吾病难将医药治,耿耿胸中热血,待洒向西风残月。剖却心肝今置地,问华佗,解我肠千结,追往恨,倍凄咽,故人慷慨多奇节,为当年沉吟不断,草间偷活,艾灸眉头瓜喷鼻,今日须难诀绝,早患苦重来千叠,脱屣妻孥非易事,竟一钱不值何须说,人世事,几完缺?"

如以上许多例子,岂不是士大夫都是没有骨头的?都是出卖自己灵魂的?或者都是"难将医药治"的?假如引历史上某一时期如南朝作例——史家都说是"南朝无死难之臣",这是错的,——当时,政权虽不断变换,而士大夫阶层所形成的集团的特权并没有变更,这一个集团有着政治力量所不能摧毁的,在社会、政治、经济、军事各方面的领导地位，他们本身的利益既不受朝代变换的倾轧，那他们又为什么要替寒人出身的一些皇帝死节呢？假如再引别的时代的例子，例如汉代的范滂、陈蕃，唐代的颜真卿、张巡、许远，宋代的文天祥，明代的杨继盛、杨涟、左光斗、史可法，清代的谭嗣同，为了他们的信念，为了他们的阶层利益，为了他们所保卫的特权而死，史书叫作忠臣义士的，这一类的例子也很多。这一些人都是士大夫，虽然失败，却是有骨头的，有血有肉有灵魂的，是忠于封建社会的封建道德的，——和前一类的人正是一个鲜明的对比。

当两个朝代交换，或者是社会有很大的改革的时候，往往是对人的一种考验。现在恐怕又是到了一个考验的时候了，这考验包括你也包括我。我们看见了许多阮大铖、吴伟业、钱谦益；同时我们也看见许多谭嗣同、范滂、文天祥。面对着这考验，也有许多人打着自由主义的招牌出现，那么也让历史来考验他们罢。历史是无情的，在这考验下面，我们将会看到历史的悲剧，也是这些自由主义者的悲剧。固然我们不希望今后的文学作品里再发现"绝命词"一类的作品，然而历史始终是无情的。

明代的科举情况和绅士特权 *

明、清两代五六百年间的科举制度，在中国文化、学术发展的历史上作了大孽，束缚了人们的聪明才智，阻碍了科学的进展，压制了思想，使人们脱离实际，脱离生产，专读死书，专学八股，专写空话，害尽了人，也害死了人，罪状数不完，也说不完。

这些且不说，光就考试时的情况说，也是气死人的。明末艾南英《天傭子文集》有一篇文章专讲考举人时的苦处：

考试这一天，考场打了三通鼓，秀才们即使遇到大冷天，冰霜冻结，也得站在门外等候点名。督学呢，穿着红袍坐在堂上，灯烛辉煌，围着炉子取暖，好不舒服。

秀才们得解开衣裳，左手拿着笔砚，右手拿着布袜，听候府县官点名，排个儿站在甬道里，依次到督学面前。每一个秀才，有两个搜检军侍候，从头发搜到脚跟，光着肚子光着腿，要好几个时辰才能全搜完，个个冻得牙齿打战，腰以下都冻僵了，摸着也不像是自己的皮肤。要是大热天呢，督学穿着纱衣裳，在阴凉地里，喝着茶，摇着扇子，凉快得很。秀才们呢，十百一群，挤立在尘埃飞扬的太阳地上，按制

---

* 本文出自吴晗《灯下集》，生活·读书·新知三联书店1960年6月出版。——编者注

度不能扇扇子，穿的又是大布厚衣。到了考场，几百人夹坐在一起，腥气、秽气、蒸着、熏着，大汗通身，衣裳都湿透了，却一滴水也不敢入口。虽然公家有人管茶水，但谁也不敢喝，喝了就有人在你卷子上打一个红记号，算是舞弊犯规，文章尽管写得好，也要扣分，降一等。

冷天也罢，热天也罢，都得吃苦头。

考的时候，东西两面站着四个瞭望军，是监场的，谁也不敢抬头四面看，有人困了站一下，打一个呵欠，和隔壁考生说话，以至歪着坐，又是一个红记号打上了，算犯规，文章尽管好，也扣分，降一等。弄得人人腰脊酸痛，连大小便也不得自由，得忍着些。

连动手动脚、抬头伸腰的自由也被剥夺了，苦哉！

考试坐位呢，是衙门里的工吏包办的，他们得赚一点钱，贪污了一大半经费，临时对付，做得很窄小，两个手膀也张不开；又偷工减料，薄而脆，外加裂缝，坐下重一点，就怕塌下。加上同号的总有十几个人，坐位是用竹子联着的，谁的手脚稍动一下，联号的坐位便都动摇了，成天没个停，写的字也就歪歪扭扭了。

这篇文章写得实在好，道尽了考生的苦处，也道尽了封建统治者不把学生当人的恶毒待遇。文章里用督学的拥炉、挥扇相对衬，更把考生的苦况突出了。清朝继承了明朝这一套，《儿女英雄传》写安骥殿试时，自己背桌子考篮的情况，可以参看。

这样苦，为什么人们还是抢着考，唯恐吃不到这苦头呢？是为了做官。顾公燮《消夏闲记摘抄》记明朝人中举人的情况：

明朝末年的绅士，非常之威风。凡是中了举人，报信的人都拿着短棍,从大门打起,把厅堂窗户都打烂了,叫作"改换门庭"。工匠跟在后面,立时修整一新,从此永为主顾。

接着,同姓的地主来和您通谱,算作一家,招女婿的也来了,有人来拜你作老师,自称门生。只要一张嘴,银子上千两的送,以后有事,这些人便有依靠了。

出门呢,坐着大轿,前面有人拿着扇啦,掌着盖啦,诸如此类,连秀才出门,也有门斗张着油伞引路。

有婚丧事的时候,绅士和老百姓是不能坐在一起的,要另搞一个房子叫大宾堂,有功名的人单坐在一起。

清人吴敬梓所作《儒林外史》,穷秀才范进中举一段绝妙文字,正是顾公燮这一段记载的绝妙注脚。

到中了进士,就更加威风了。上任做官,车啦,马啦,跟班啦,衣服用具啦,饮食用费啦,都自然会有人支应。上了任,债主也跟着来,按期还债。[1]

即使中不了进士,光是秀才、举人,也就享有许多特权了。其一是免役,只要进了学,成为秀才,法律规定可免户内二丁差役。明朝里役负担是很重的,要是有二十亩田地的中农,假如家里不出一个秀才,一轮到里役,便得破家荡产。[2]以此,一个县里秀才举人愈多,百姓便越穷,因为他们得把绅士的负担分担下来。[3]第二是可以有奴

---

[1] 陶奭龄:《小柴桑喃喃录》上;周顺昌:《烬余集》卷二,《与吴公如书》二。
[2]《温宝忠遗稿》卷五,《士民说》。
[3] 顾炎武:《亭林文集·生员论》。

婢使唤；明制，平民百姓是不许存养奴婢的，《大明律》规定："庶民之家，存养奴婢者，杖一百，即放从良。"第三是法律的优待，明初规定一般进士、举人、贡生犯了死罪，可以特赦三次，以后虽然没有执行，但是，还是受到优待，秀才犯了法，地方官在通知学校把他开除之前，是不能用刑的。如犯的不是重罪，便只通知学校当局，加以处分了事。第四是免粮，家道寒苦，无力完粮的，可由地方官奏销豁免。因之，不但秀才自己免了役，免了赋，甚至包揽隐庇，借此发财。廪生照规定由国家每年给膏火银一百二十两，不安分的便揽地主钱粮在自己名下，请求豁免，"坐一百，走三百"，不动腿呢，每年一百二十两，多跑跑县衙门呢，一年三百两，是当时的民间口语。第五便是礼貌待遇了。顾公燮所记的大宾堂是有法律根据的，洪武十二年（1379年）八月明太祖颁布法令，规定绅士只能和宗族讲尊卑的礼法，至于宴会，要另设席位，不许坐于无官者之下。和异姓无官者相见，不必答礼。庶民见绅士要用见官礼谒见。违反的按法律制裁。

有了这样多特权，吃点苦头又算什么呢？

明、清两代的知识分子，在通过考试之前，封建统治者把他们不当人看待，加以种种虐待。但是，在成为秀才、举人、进士之后，便成为统治集团的一员了，和庶民不同了，他们分享了统治阶级的特权，成为特权阶级了。最近有人讲明朝后期情况，把秀才也算在市民里面，把他们下降为庶民，在我看来，是不符合客观存在的历史事实的。

"社会贤达"考*

"社会贤达"这一名词是颇为有趣的，仔细想想，会使人好笑。因为，第一，似乎只有在社会上才有贤达，那么，在政府里的诸公算是什么呢？第二，社会"贤达"如王云五先生之流者居然做了官了，人不在社会而在政府，上面两字安不上，下面"贤达"两字是不是也跟着勾销呢？如虽入政府而仍为"贤达"，何以并没有创立"政府贤达"这一名词呢？第三，"社会"这一词的定义，到底算是和政府的对称呢？还是民间和政府的桥梁呢？如是前者，有几位"贤达"身在江湖，心悬魏阙，和政府本是一家，强冠以"社会"之谥，未免牛头不对马嘴。如是后者，干脆叫半官或次官好了，用不着扭捏作态，害得有几位贤达在若干场合"犹抱琵琶半遮面"，好不难为情也。

不管怎样，这一名词是已经成为历史的了。有历史癖的我，很想作一番历史上"社会贤达"的考据，替许多未来的新贵找一历史的渊源。

想了又想，历史上实在没有"社会贤达"这东西。勉强附会，以"贤达"而得官，或虽为"贤达"而毕生志业仍在做官，甚至闹到喜极而涕，"庙堂初入泪交流"的境界，或则"头在外面"，时蒙召宴垂询之荣，生前可以登报，死后可以刻入墓志铭者，比之于古，其惟

---

* 本文出自吴晗《史事与人物》，生活书店1948年7月。——编者注

"隐士""山人"之流乎？

首先想起的是终南捷径的故事。

《旧唐书》卷九十四《卢藏用传》："卢藏用字子潜，度支尚书承庆之侄孙也。父璥有名于时，官至魏州司马。藏用少以辞学著称，初举进士选不调，乃著《芳草赋》以见意。寻隐居终南山（新书作与兄微明偕隐终南少室二山），学辟谷练气之术。长安中（701—705）征拜左拾遗……景龙中（707—709）为吏部侍郎。藏用性无挺特，多为权要所逼，颇堕公道。又迁黄门侍郎，兼昭文馆学士，转工部侍郎尚书右丞。先天中（712年）坐托附太平公主，配流岭表。（新书作附太平公主，主诛，玄宗欲捕斩藏用，顾未执政，意解，乃流新州。）开元初起为黔州都督府长史兼判都督事，未行而卒。（新书作卒于始兴。）藏用工篆隶，好琴棋，当时称为多能之士。（新书作藏用善蓍龟九宫术，工草隶大小篆八分，善琴，弈思精远，士贵其多能。）然初隐居之时，有贞俭之操，往来于少室终南二山，时人称为随驾隐士。及登朝，趑趄诡佞，专事权贵，奢靡淫纵，以此获讥于世。"（新书作："始隐山中时，有意当世，人目为随驾隐士。晚乃拘权利，务为骄纵，素节尽矣。司马承祯尝召至阙下，将还山，藏用指终南曰，此中大有嘉处，承祯徐曰，以仆视之，仕宦之捷径耳！藏用惭。"）

这故事是非常现实的。叔祖做过大官，父亲也做地方小官，学会了诗词歌赋，又会卜卦算命写字，加上琴呀，棋呀，样样都会，够得上是名士了。偏偏官星不耀，做不了官，于是写一篇赋，自比为芳草，哀哀怨怨，搔首弄姿，怪没有识货的来抬举。不料还是白操心，于是只好当隐士了。隐得太远太深，怕又和朝堂脱了节，拣一个靠近长安的，"独上高山望帝京"。再拣一个靠洛阳的，以便皇帝东幸时跟着走。"随驾隐士"一词实在妙不可言,其妙相当于现在的上海和庐山,两头总有一个着落。隐了几年,跟了几年,名气有了,盛朝圣世是应该征举遗逸的,于是得了"社会贤达"之名而驰马奔命,赶进京师"初入朝堂"了。

苦了几年,望了几年,不料还是小官,于是只好奔走权贵,使出满身解数,巴上了太平公主,从此步步高升,要不是闹政变,眼见指日拜相执政了。

临了,被司马承祯这老头开了一个玩笑,说终南山是仕宦捷径。其实卢藏用也真不会在乎,他不为仕宦,又上终南山去则甚?编《旧唐书》的史官,也太过糊涂了,似乎他以为卢藏用在作"随驾隐士"时颇有贞俭之操,到做了官才变坏,其实并不然。反之,"趋趄诡佞,专事权贵,奢靡淫纵",才是他的本性。在山中的"贞俭"是无可奈何的,试问在山中他不贞俭,能囤积松木、泉水不成?而且,如不贞俭,又如何能得社会贤达之名,钻得进朝堂去?

从这一历史故事看,"社会贤达"一词和"终南捷径"正是半斤八两,铢两悉称。

卢藏用这一着灵了,到宋朝种放也照样来一套。

《宋史》卷四五七《种放传》:"种放名逸,河南洛阳人也。每往来嵩华间,慨然有山林意。与母俱隐终南豹林谷之东明峰,结草为庐,仅庇风雨。以讲习为业,从学者众,得束脩以养母。母亦乐道,薄滋味……粮糗乏绝,止食芋栗……自豹林抵州郭七十里,徒步与樵人往返。"可见他原来是穷苦人家。可是到了隐居成名,又做大官,又兼隐士的差的时候,便完全不同了。"太宗嘉其节,诏京兆赐以缗钱,使养母不夺其志,有司岁时存问。咸平元年(998年)母卒,诏赐钱三万，帛三十匹，米三十斛以助其丧。四年……赍装钱（旅费）五万……赐帛百匹，钱十万。又赐昭庆坊第一区，加帷帐什物，银器五百两，钱三十万。还山后仍特给月奉。"钱多了，立刻成大地主，《宋史》说他："……晚节颇饰舆服，于长安广置良田，岁利甚博。亦有强市者，遂至争讼。门人族属，依倚恣横。徙居嵩山，犹往来终南，按视田亩，每行必给驿乘，在道或亲诉驿吏，规算粮具之直。"简直是个土豪劣绅了。

种放之移居嵩山，是被当地地方官王嗣宗赶走的。《宋史》卷二百八十七《王嗣宗传》："嗣宗知永兴军府（长安）。时种放得告归山，嗣宗逆于传舍，礼之甚厚。放既醉，稍倨。嗣宗怒，以语讦放。放曰，君以手搏得状元耳，何足道也！初嗣宗就试讲武殿，搏赵昌言帽擢首科，故放及之。嗣宗愧恨，因上疏言，所部兼并之家，侵渔众民，凌暴孤寡，凡十余族，而放为之首。放弟侄无赖，据林麓樵采，周回二百余里，夺编氓厚利。愿以臣疏下放。赐放终南田百亩，徙放嵩山。疏辞极于诟辱，至目放为魑魅。真宗方厚待放，令徙居嵩阳避之。"嗣宗极为高兴，把他生平所作的事——掘邠州狐穴，发镇州边肃奸贼，和徙种放为除三害。

种放比卢藏用高明的地方，是又做大官，又保留隐士的身份。他的老朋友陈尧叟在朝执政，陈家是大族，脚力硬，想做官时求陈尧叟向皇帝说一声，来一套征召大典，风风光光去做官。过一阵子又说不愿做官了，还是回山当隐士。于是皇帝又大摆送行宴，送盘缠服装。到山后，地方官还奉命按时请安，威风之至。再过一阵子，官瘾又发了，又回朝，隔一晌又还山。反正照样拿薪水，并不折本。而且，还山一次再回朝，官就高一次，又何乐而不为！凑上宋真宗也是喜欢这一套，弄个把隐士来点缀盛世。一唱一和，大家都当戏作，这中间只害了老实人王嗣宗，白发一顿脾气。

从这一历史故实看，做官和做隐士并不冲突，而且相得益彰。当今的社会贤达，已经上了戏台的和正在打算上戏台彩排的，何妨熟读此传，隔天下台了，还可以死抱住"社会贤达"的本钱不放，哇拉拉大喊，一为社会贤达，生死以之，海可枯，石可烂，此名不可改。

官僚政治的故事 *

（一）航海攻心战术

明崇祯十五年（1642年）九月，李自成决黄河，灌开封，十月，大败明督师孙传庭于郏县、南阳。十一月，清军分道入侵，连破蓟州、真定、河间、临清、兖州，北京震动。

兵科给事中曾应遴上条陈，提出航海攻心战术。大意是由政府战船三千艘，载精兵六万，从登莱渡海，直入三韩，攻后金国腹心。这样一来，清军非退不可。崇祯帝大为嘉许，以为真是妙算，可以克敌制胜，手令"该部议奏"。

造船是工部的职掌，作战归兵部管。工部署印侍郎陈必谦复奏：照老规矩，和作战有关的工程，由兵工二部分任，请特敕兵部分造战船一千五百艘。

内阁票拟（签呈），奉旨"工程由兵工二部分任，即日兴工"。

造船要一笔大款子，工部分文无有，估价工料银是六百万两。于是上奏："因内战交通断绝，地方款项不能解京。本部库藏空空，无可指拨。只有开封、归德等府积欠臣部料价银五百多万两，可以移作造船之用。"

---

* 原载《中国建设》第 7 卷第 1 期，1948 年 10 月 1 日。——编者注

这时候，开封被水淹没，归德等府为农民起义军占领。内阁奉旨："着工部勒限起解，造船攻心，以救内地之急。"

兵部尚书张国维也说："部库如洗，只有凤阳等府积欠臣部马价银四百余万两，足现在正额，不必另行设法。应速催解部，以应造船之用。"

事实上，凤阳一带经几次战争破坏，加上蝗灾、旱灾，已经上十年没有人烟了。

内阁票拟，奉旨："下部勒限起解，以应部用。"

这是闰十月中旬的事，正当嘉许、拨款、勒限，以及"兴工"的时候，清军又已攻破东昌、兖州了。

工部想想不妙，到头来还是脱不了关系，又提出具体建议，说是："战船经费，虽已有整个计划，但是如今京师戒严，九门紧闭，工匠绝迹，无从兴工。原有都水司主事奉派到淮安船厂打造漕船，彼处物料现成，工匠众多，不如就令带造海船，克日可成，庶不误东征大事。"

内阁又票拟，奉旨依议，特给敕谕，以专责成。

这时候已经十二月初旬了。

船厂主事没有拿到一文钱，要造三千条战船，自然办不了。又上条陈说："造船攻心，大臣妙算，事关国家大计，当然拥护。不过臣衙门所造的是内河运粮之船，并非破浪出海之船，构造不同，形式不同，索缆器物不同，操驾水手不同，当然，建造的工匠也不同。如随便敷衍承造，一旦误事，负不起责任。要造海船，要到福建、广东去造，材料、工匠都合适，不如特敕闽广抚臣，勒限完工，就于彼处召募水手，由海道乘风北上，直抵旅顺口上岸，奋武以震刷皇威，快睹中兴盛事。此系因地因材，事有必然，并非推诿。"

公文上去了，到第二年二月中旬，内阁票拟，奉旨："下部移咨福广，勒限造船，以纾京畿倒悬之急。"由都察院移咨闽广抚臣照办，是二月底的事。

五月，清军凯旋，京师解严。

九月，两广总督沈犹龙、福建巡抚张肯堂会衔奏报，第一段极口称颂阁臣的妙算，圣主的神威。第二段说臣等已经召集工人，预备工料，拥护国策，以成陛下中兴盛业。第三段顺笔一转，说是不过如今北方安定，而闽广民穷财尽，与其劳民伤财，造而不用，不如暂时停工。

内阁票拟，奉旨下部："是！"

于是这件纠缠了一年，费了多少笔墨的航海攻心战术的公案就此结束。

所谓官僚政治，有三个字可以形容之：一骗，二推，三拖。

曾应遴要凭空建立一个六万人的海军，一无钱，二无兵，三无计划，更谈不到组织、训练、武器、服装、给养、运输、指挥这一些具体问题。信口胡柴，提出空头建议，这是骗。

崇祯帝何尝不明白这道理，只是明白了又怎么样呢？当时无处借款，也无人助战，无友邦支持，一切都无，总得要表示一下呀，于是手令"该部议奏"，也是骗。

工部说这工程该和兵部分任，这是推。

阁臣签呈，由兵工二部分任，一个钱不给，叫人从纸上生出一队海军，这是骗。

工部说钱是有的，在被水淹没的开封和被起义军占领的归德。兵部说我也有钱，在十年无人烟的淮西，这也是骗。内阁签呈，要该部到这些地区勒限起解，还是骗。

建议再建议，签呈又签呈，一上一下个把月，这是拖。

拖而不下了场，又一转而推，工部把这差使推给船厂主事，船厂主事推给闽广抚臣，又是奏本，票拟，从北京到淮安，淮安到北京，又从北京到闽广，闽广到北京（中间还有从闽到广，从广到闽会衔这一段公文旅行），来来去去，去去来来，半年过去了，从推又发生拖的作用，推和拖本质上又都是骗。

最后，清兵撤退了，皆大欢喜，内阁以一"是"字了此公案。

大事化为小事，小事化为无事。

从骗到推，到拖，而无。这故事是中国官僚政治的一个典型例子。

也有人说，过去中国封建王朝的政治，是无为政治，那么就算这故事是一个无为政治的故事吧？①

（二）碰头和御前会议

清末大学士瞿鸿禨的爆直、遇恩，《圣德纪略》和金梁（息侯）的《四朝见闻》《光宣小纪》两书，有许多地方可以互相印证。

在瞿中堂的书里，所见到的满纸都是碰头，见皇上碰头，见太后碰头，上朝碰头，索荷包碰头，赐宴碰头再碰头。碰头大概和请安不同，据金息侯的记载，请安是双膝跪在地下，两手垂直的，而碰头则除此以外，似乎还得弯腰把额角碰在地面上吧。《汉书》上邓通见丞相申屠嘉首出血不解，大概是清人所谓碰响头，碰得额角坟起，以至出血。古书上所谓"泥首"，大概也是以首及泥的意思。不过，虽然碰头于古有据，而碰头之多，之数，之津津乐道，满纸都是，则未可

---

① 参看戴笠、吴殳《怀陵流寇始终录》卷十五，《和看花行者的谈往》。

以为渊源于古，只能说是清代的特色。

清人做官的秘诀，相传有六个字："多碰头，少说话。"

年老的官僚多半要作一个护膝，即在膝盖上特别加上一块棉质的附属品，以为长跪时保护膝盖之用。

左宗棠有一次在颐和园行礼，跪久了，腰酸向前伏了一会，立时被弹劾，以为失仪。

军机大臣朝见两宫议事，一顺溜跪在拜垫上，有几个便殿，地方窄挤成一团，名位低的军机跪得比较远，什么也听不见，议是谈不上的。

照例，一大堆文件，皇太后翻过了，出去上朝，在接见第一批臣僚的短短时间内，军机大臣几人匆匆翻了一下，到召见时，有的事接头，大部分都莫名其妙。两个坐着，一群人跪着，首班跪近，还摸着一点说什么，其余的便有点不知所云了。往往弄得所答非所问，丈二和尚摸不着头脑。说了一阵子，国家大事小事便算定局。

王大臣会议也是这个作风，小官说不了话，大臣不敢说话，领班的亲王不知道说什么话，讨论谈不上，争辩更不会有。多半是亲王说如此如此，大家点头，散会。以后再由属员拟稿，分送各大臣签署奏报。

金息侯叹气说："这真是儿戏！"其实儿戏又何可厚非，小孩子到底天真，这批老官僚的天真在哪里？道道地地的官僚作风而已，儿戏云乎哉！（本节仅凭记忆）

第三编

腐败：古代集权专制的潜规则

贪污史例 *

之一

元朝末年，官贪吏污，因为蒙古、色目人浑浑噩噩，根本不懂"廉耻"是什么意思。这一阶级向人讨钱都有名目，到任下属参见要"拜见钱"，无事白要叫"撒花钱"，逢节有"追节钱"，作生日要"生日钱"，管事而要叫"常例钱"，送往迎来有"人情钱"，差役提人要"赍发钱"，上衙门打官司要"公事钱"。做官的赚得钱多叫"得手"，钻叫"好地"，补得要缺叫"好窠"。至于忠于国家，忠于人民，则一概"晓勿得"！

刘继庄说："这情形，明朝初年我知道不清楚，至于明末，我所耳闻目见的，又有哪一个官不如此！"

——刘献廷：《广阳杂记》卷三

之二

明代中期，离现在四百多年前，一个退休的显官何良俊，住在南京，告诉我们一个故事：

南京也照北京的样子，设有六部五府等机关，原来各有职掌，和

---

* 本文出自吴晗《历史的镜子》，生活书店 1946 年 8 月出版。——编者注

百姓并不相干。这些官家里需用的货色，随时由家奴到铺子买用，名为和买。我初住南京的头几年，还是如此，不过五六年光景，情形渐渐不妙，各衙门里并无事权的闲官，也用官府的印票，叫皂隶去和买了，只给一半价钱，例如值银两钱的扇子只给一钱，其他可以类推。闹得一些铺户叫苦连天。至于有权有势的御史，气焰熏天，更是可怕。例如某御史叫买一斤糖食，照价和买只要五六分银子，承买的皂吏却乘机敲诈了五六两银子，他在票面上写明本官应用，要铺户到本衙交纳，第一个来交纳的，故意嫌其不好，押下打了十板，再照顾第二家，第二家一算，反正来差要钱，门上大爷又要钱，书办老爷还是要钱，稍有不到，还得挨十下板子，不如干脆拼上两三钱银子，消灾免祸，皂隶顺次到第三、四家一样对付，谁敢不应承，于是心满意足，发了一笔小财，够一年半载花销了。

　　南京某家买到一段作正梁的木料叫柏桐，很是名贵，巡城御史正想制一个书桌，听说有好材料，动了心，派人去要，这家舍不得，连夜竖了柱，把梁安上，以为没有事了。不料巡城御史更强，一得消息，立刻派皂隶夫役，一句话不说，推翻柱子，抬起大梁，扬长而去。

——何良俊：《四友斋丛说》

之三

　　明末的理学家刘宗周先生指出这时代的吏治情形说：

　　如今吏治贪污，例如催钱粮要火耗（零星交纳的几分几钱银子，镕铸成锭才解京，镕铸的亏蚀叫火耗，地方不肯担负这损失，照例由纳粮的人民吃亏，额外多交一两成，积少成多，地方官就用这款子来肥家），打官司要罚款，都算本分的常例，不算外水了。新办法是政府行一政策，这政策就成敲诈的借口，地方出一新事，这一新事又成剥削的机会，大体上是官得一成，办事的胥吏得九成，人民出十成，政府实得一成，政府愈穷，人民愈苦，官吏愈富，以此人民恨官吏如强寇，如仇敌，突然有变，能献城就献城，能造反便造反，当机立断，毫不踌躇。

举县官作例吧，上官有知府，有巡道，有布政使，有巡抚，巡按，还有过客，有乡绅，更有京中的权要，一层层须得应付，敷衍，面面都到。此外钻肥缺，钻升官，更得格外使钱，当然也得养家，也得置产业，他们不吃人民吃什么？又如巡按御史吧，饶是正直自好的，你还未到任，地方大小官员早已凑好一份足够你吃几代的财宝，安安稳稳替你送到家里了。多一官百姓多受一番罪，多派一次巡按，百姓又多受一番罪，层层敲诈，层层剥削，人民怎能不造反？怎能不拼命？

——刘宗周：《刘子文编》卷四，《敬修职掌故》

宋代两次均产运动 *

十世纪末年（993—995）四川成都平原爆发了伟大的农民均产运动。

十二世纪初期（1130—1135）湖南洞庭湖一带产米区又爆发了和上次意义相同的运动。

在地主官僚贵族的高压的统治之下，有组织的正规军，犀利的武器，加上全国的财力，这两次均产运动当然是被"肃清"了。失败的鲜血在历史上写下了辉煌的一页。

宋代这两次失败的运动之所以值得现代人特别研究，是因为它们提出了明显的经济的政治的要求，改革的方案，具体的实践，是自觉的人民的呼声，是人民的历史的一章。

第一次的均产运动，宋李攸《宋朝事实》卷十七记：

淳化四年（993年）青城县民王小波聚徒起而为乱。谓其众曰，吾疾贫富不均，今为汝均之。贫民附者益众，先是国家平孟氏（昶）之乱，成都府库之物，悉载归于内府。后来任事者竞功利，于常赋外，更置博买务，禁商贾不得私市布帛。蜀地土狭民稠，耕稼不足以给，由是群众起而为乱。

---

* 本文出自吴晗《历史的镜子》，生活书店1946年8月出版。——编者注

说明了刺激这运动的两个政治经济的因素，第一是宋军平蜀，把蜀中的财赋都当作战利品运到开封。第二是新治权的统制商业行为，使人民生活陷于绝境。这两个因素造成了蜀人的心理反抗，不甘于被征服者的奴役，剥削，起来要求经济上的均等和政治上的解放。

宋王辟之《渑水燕谈录》所记大体相同，他说：

本朝王小波李顺王均辈，啸聚西蜀，盖朝廷初平孟氏，蜀之帑藏，尽归京师。其后言利者争述功利，置博易务，禁私市，商贾不行，蜀民不足，故小波得以激怒其人曰，吾疾贫富不均，今为汝均之。贫者附之益众。

均贫富的方案和实践，宋沈括《梦溪笔谈》二十五记（王明清《挥麈后录》五同）：

李顺本蜀江王小博之妻弟。始王小博反于蜀中，不能抚其众，众乃推顺为主。顺初起，悉召乡里富人大姓，令具其家所有财粟，据其生齿足用之外，一切调发，大赈贫乏，录用材能，存抚良善，号令严明，所至一无所犯。时两蜀大饥，旬日之间，归之者数万人，所向州县，开门延纳，传檄所至，无复完垒。及败，人尚怀之，故顺得脱去三十余年，乃始就戮。

就是把富豪地主的过剩的，除开生活必需以外的财粟，用公开的手续，让他们自己报告，由人民调发，分配给贫民，这一新的经济措施自然获得广大的贫民阶层的支持。相对的严明的军纪和合理的政治，使这一运动更获得广大的发展，虽然遭遇政府正规军，数和质都占优势的大军所围剿而消灭，然而，在几十年后，这一运动的成果仍然温暖地被保存于蜀中父老子弟的心坎中。

第二次的均产运动的背景，绍兴三年（1133年）伪齐尚书户部郎中兼权给事中冯长宁尚书右司员外郎许同伯同修什一税法，报告北宋的税制，给豪富地主以兼并的机会，造成贫富对立的尖锐现象说：

宋之季世，税法为民大蠹，权要豪右之家，交通州县，欺侮愚弱，恃其高赀，择利兼并，势必膏腴，减落税亩，至有入其田宅而不承其税者，贫民下户，急于贸易，俯首听之。间有陈词，官吏附势，不能推割，至有田产已尽，而税籍犹在者，监锢拘囚，至于卖妻鬻子，死徙而后已。官司摊逃户赋，则牵连邑里，岁使代输，无有穷已。折变之法，小估大折，名曰实直，巧诈欺民，十倍榨取，舍其所有，而责其所无。至于检灾之蠲放分数，方田之高下土色，不公不实，率毕大姓享其利，而小民被其害。贪虐相资，诛求不辍，朝行宽恤之诏，夕下割剥之令，元元穷蹙，群起为盗。①

洞庭湖沿岸是最饶足的米仓，贫富对立的现象也就特别显著。当宋徽宗正在穷奢极欲，搜敛豪取，建宫室，崇道教，求长生的时候，洞庭西岸武陵的农民钟相，相对的在宣扬等贵贱，均贫富的新教义。《建炎以来系年要录》卷三十一记：

---

①李心传：《建炎以来系年要录》卷六十五。

建炎四年(1130年)正月甲午,鼎州(常德)人钟相作乱,自称楚王。初金人去潭州（长沙），群盗乃大起，东北流移之人，相率渡江……相武陵人，以左道惑众，自号天大圣，言有神灵与天通，能救人疾患。阴语其徒，则曰，法分贵贱贫富，非善法也，我行法，当等贵贱，均贫富。持此语以动小民，故环数百里间，小民无知者翕然从之，备粮谒相，谓之拜父，如此者二十余年。相以故家赀巨万，及湖湘盗起，相与其徒结集为忠义民兵，士大夫避免者多依之。相所居村曰天子岗，遂即其处筑垒浚壕，以捍贼为名。会孔彦舟入澧州，相乘人情惊扰，因托言拒彦舟以聚众。至是起兵，鼎澧荆南之民响应。相遂称楚王，改元天战，行移称圣旨，补授一用黄牒，一方骚然。遂焚官府城市寺观及豪右之家，凡官吏儒生僧道巫医卜祝之流，皆为所杀。

钟相的作风比李顺又进一步，不但要均贫富，而且要等贵贱，就现在的意义说，不只是彻底消灭地主贵族集团的经济特权，而是更进一步，消除更根本的这一集团人搜括剥削的政治特权。使人人有平等的经济的享受，有过问政治，运用政权的权利。这一运动所消灭的对象，是贪污不法的官吏，武断乡曲的儒生，不劳而食的僧道，和劳苦民众的寄生虫巫医卜祝，四种靠原始迷信生活的废物。所破坏的对象是特权阶级所凭藉的官府，和保护官府安全的城市，僧道所在的为民脂民膏所经营的寺观，以及豪右之家，农民所最痛恨的吸血鬼的巢穴。

这一运动经过几次的挫折，最后，于1135年为名将岳飞所荡平。

元帝国政治和军队的腐化*

元代中叶的政治情形，武宗至大三年（1310年）有一概括的报告。在这文件中已经很感慨地说一代不如一代，世祖时代的搜括政治，已成为后人咏叹的资料了。这文件的开头就说：

近年以来，稽厥庙谟，无一不与世祖皇帝时异者……世祖皇帝时官外者有田，今仍假禄米以夺之。世祖皇帝时江南无质子，今乃入泉谷以诱之。世祖皇帝时用人必循格，今则破宪法以爵之。世祖皇帝时守令三载一迁，今则限九年以困之。世祖皇帝时楮币有常数，今则随所费以造之。世祖皇帝时省台各异迁，今则侵其官而代之。世祖皇帝时墨敕在所禁，今则开幸门以纳之。世祖皇帝时课额未常添，今则设苛禁以括之。世祖皇帝时言事者无罪，今则务锻炼以杀之。

以下列举当时政治腐败的情形，最值得注意的几点。

第一是名爵太轻：

---

* 节选自《元帝国之崩溃与明太祖之建国》一文，原载《清华学报》第十一卷第二期，1936年4月。——编者注

往往爵之太高，禄之太重，微至优伶屠沽僧道，有授左丞平章参政者。其他因修造而进秩，以技艺而得官者曰国公、曰司徒、曰丞相者相望于朝。自有国以来，名器之轻，无甚今日……今朝廷诸大臣不知有何勋何戚，无一不阶开府仪同三司者。①

左右近侍因之恃恩徇法，紊乱官政，《元史》记：

至大二年正月乙巳，塔思不花、乞台普济言：诸人恃恩径奏，玺书不由中书直下翰林院给与者，今核其数，自大德六年至至大元年所出，凡六千三百余道，皆由干田土、户口、金银铁冶、增余课程、进贡奇货、钱谷、选法、词讼、造作等事，害及于民。②

更互相援引，以中旨授官，破坏铨法：

时承平日久，风俗侈靡，车服僭拟，上下无章，近臣恃恩，请求无厌，时宰不为裁制，乃更相汲引，望引恩赐，耗竭公储，以为私惠。③

英宗时近臣传旨，以姓名赴中书铨注者六七百员，选曹为之壅滞。④此种由嬖幸得官之内外官吏，其对于人民及政府之恶影响，当可想见。

第二是贵族擅政：

---

① 《归田类稿》卷二，《时政书》。
② 《元史》卷二三，《武宗本纪》。
③ 《元史》卷一七五，《李孟传》。
④ 参见《元史》卷一三六，《拜住传》。

今国家为制宽大，所有诸王家室皆有生死人进退人之权……天下淫僧邪巫庸医谬卜游食末作及因事亡命无赖之徒，往往依庇诸侯王驸马，为其腹心羽翼。无罪者以之而求进，有罪者以之而求免。出则假其势以凌人，更因其众而结党。入则离间宗戚，造构事端，啖以甘言，中以诡计，中材以下鲜不为其所惑。①

第三是刑禁太疏，纪纲破坏。僧侣和嬖幸的恣肆，使法律成为具文，如秃鲁麻：

西僧为佛事，请释罪人祈福，谓之秃鲁麻。豪民犯法者皆贿赂之以求免。有杀主杀夫者，西僧请被以帝后御服，乘黄犊出宫门释之，云可得福。不忽木曰："人伦者，王政之本，风化之基，岂可容其乱法如是！"帝责丞相曰："朕戒汝无使不忽木知，今闻其言，朕甚愧之。"使人谓不忽木曰："卿且休矣！朕今从卿言。"然自是以为故事。②

如大赦之频数，张养浩说：

近年臣有赃败，多以左右贿赂而免。民有贼杀，多以好事赦宥而原。加以三年之中未尝一岁无赦，杀人者固已幸矣，其无辜而死者冤孰伸耶？……臣尝官县，见诏赦之后，罪囚之出，大或仇害事主，小或攘夺编氓，有朝蒙恩而夕被执，旦出禁而暮杀人，数四发之，未

---

① 《归田类稿》卷二，《时政书》。
② 《元史》卷一三〇，《不忽木传》。

尝一正厥罪者。又有始焉鼠偷,终成狼虎之噬者。问之则曰赦令之频故耳。意者以为先犯幸而不死,今犯则前日应死之罪,两御人货而止坐一罪,于我已多,况今犯未必死,我因而远引虚攀,根连株逮,故蔓其狱,未及期岁,又复宥之。岂人性固恶,防范不能制哉!诚以在上者开其为盗之涂故也。①

奖励官吏及人民之犯罪。政事混乱如此,在荒旱交逼的时候,统治者独自大兴土木,极宫室犬马之娱:

累年山东、河南诸郡旱蝗荐臻,沴疫暴作,郊关之外,十室九空。民之扶老携幼,累累焉鹄形菜色,就食他所者络绎道路。其他父子兄弟夫妇至相与鬻为食者在在皆是……今闻创城中都,崇建南寺,外则有五台增修之扰,内则有养老宫展造之劳。括匠调军,旁午州郡,或度辽伐木,或济江取材,或陶甓攻石,督责百出。蒙犯毒瘴,崩沦压溺而死者无日无之。粮不实腹,衣不覆体,万目睊睊,无所控告,以致道上物故者在所不免。②

政治腐化到了这个地步,更严重的是元统治者以征服者的地位,抱着极端褊隘的种族的成见,内外官之长必以蒙古人为之,以汉人、南人为贰,色目人则与汉人、南人处于互相钳制的地位。③南北的区分,

---

① 《归田类稿》卷二,《时政书》。
② 《归田类稿》卷二,《时政书》。
③ 参见箭内亘:《蒙汉色目待遇考》;吴晗:《元代之社会》。

111

种族的畛域，分别极严，歧视极甚，使当时人极感愤恨，叶子奇说：

元朝自混一以来，大抵皆内北国而外中国，内北人而外南人，以至深闭固拒，曲为防护，自以为得亲疏之道。是以王泽之施，少及于南，渗漉之恩，悉归于北。①

蒙古人、色目人不了解中国情势，不懂政治，甚至不识中国文字：

国朝故事以蒙古、色目不谙政事，必以汉人佐之，官府色目居长，次设判署正官，谓其识治体练时务也。近年以来，正官多不识字。②

叶子奇记：

北人不识字，使之为长官。或缺正官，要题判署事，及写日子，"七"字钩不从右"㇉"转而从左"𠃋"转，见者为笑。③

其主要的使命即为牵制汉官，事事掣肘：

国朝之制，州府司县各置监临官谓之达鲁花赤，州府官往往不能相下。④

---

① 叶子奇：《草木子》卷三上，《克谨篇》。
② 李翀：《日闻录》。
③ 叶子奇：《草木子》卷四下，《杂俎篇》。
④ 《元文类》卷五八，王磐：《中书右丞相史公神道碑》。

蒙古官之作威作福肆恶，固不待说，即和蒙古官有关系之汉官亦倚以肆虐，此种关系，当时称为"蒙古根脚"：

新昌州有人命狱，府委公（刘基）复检，按核得其故杀状。初检官得罢职罪。其家众倚蒙古根脚欲害公以复仇。①

色目官吏则更豪横，殴詈汉官，一无忌惮，如宋濂所记邵武路长官事：

郡长官乃西域人，恃与宪部有连，其猛若虎，与守议稍不合，遽引杖击之，守俯首遁去。②

上下相蒙，唯以贪污相尚，卖官鬻爵，贿赂公行：

元初法度犹明，尚有所惮，未至于泛滥。自秦王伯颜专政，台宪官皆谐价而得，往往至数千缗。及其分巡，竟以事势相渔猎而偿其直，如唐债帅之比。于是有司承风，上下贿赂，公行如市，荡然无复纪纲矣。肃政廉访司官所至州县，各带库子，检钞秤银，殆同市道矣。③

---

① 《诚意伯文集》卷首，吴伯生：《诚意伯刘公行状》。
② 《宋学士文集》卷三，《元故翰林待制朝散大夫致仕雷府君墓志铭》。
③ 叶子奇：《草木子》卷四下，《杂俎篇》。

各项勒索及贿赂均有名色：

元朝末年，官贪吏污，始因蒙古、色目人罔然不知廉耻之为何物。其问人讨钱，各有名目，所属始参曰拜见钱，无事白要曰撒花钱，逢节曰追节钱，生辰曰生日钱，管事而索曰常例钱，送迎曰人情钱，勾追曰赍发钱，论诉曰公事钱，觅得钱多曰得手，除得州美曰好地分，补得职近曰好窠窟，漫不知忠君爱国之为何事也。①

当时最高的监察机关为御史台，末期的御史大夫几乎成为丞相亲属的专官。如太平王燕铁木儿为相，即用其弟买里古思为御史大夫。秦王伯颜为相，即用其兄子脱脱为御史大夫。脱脱为相，亦用其弟野先不花为御史大夫。答麻为相，御史大夫又是其弟雪雪。②行政权和监察权同属一家人，监察机关的作用便完全丧失了。

任用官吏除种族的差别外，又有地域上的差别，两广和江淮是两个截然不同的政治区域，被任为两广的官吏便一生无升调之望，只好向百姓剥削，作发财之计：

五岭之南，列郡数十，县百有一十，统于广、桂、雷三大府。自守令至簿尉，庙堂岁遣郎官御史与行省考其岁月，第其高下而迁之，谓之调广海选。仕于是者政甚善不得迁中州、江淮，而中州、江淮夫

---

① 叶子奇：《草木子》卷四下，《杂俎篇》。
② 参见叶子奇：《草木子》卷三下，《杂制篇》。

士一或贪纵不法，则左迁而归之。是选焉，终身不得与朝士齿。虽良心善性油然复生，悔艾自新，不可得已。夫如是则孜孜为利，旦旦而求仇贼其民而鱼肉之……地益远而吏益暴，法益隳而民益偷。①

政治的情形如此，在军队方面，也是一样。蒙古军、色目军世驻中原的结果，将领荒于酒色，失去作战能力：

元朝自平南宋之后，太平日久，民不知兵，将家之子累世承袭，骄奢淫佚，自奉而已。至于武事，略不之讲。但以飞觞为飞炮，酒令为军令，肉阵为军阵，讴歌为凯歌，兵政于是不修也久矣。②

在平时除耗费国家俸饷外，只会向百姓敲诈勒索。在战时则但知劫掠，见敌即溃：

朝廷闻红军起，令枢密院同知赫厮领阿速军六千并各支汉军讨颍上红军。阿速者，绿睛回回也，素号精悍，善骑射。与河南行省徐左丞俱进军，二将沉湎酒色，军士但以剽掠为务。赫厮军马望见红军阵大，扬鞭曰阿卜。阿卜者，走也。于是所部皆走，至今淮人传以为笑。③

当时名相脱脱弟野先不花率重兵南下，也遇敌即逃：

---

① 朱思本：《贞一斋杂著》卷一，《广海选论》。
② 叶子奇：《草木子》卷三上，《克谨篇》。
③ 权衡：《庚申外史》。

汝宁余寇尚炽，丞相脱脱命其弟中台御史大夫野先不花董师三十万讨之。至城下，与贼未交锋即跃马先遁。汝宁守官某执马不听其行，即拔佩刀欲斫之曰：我的不是性命。遂逸，师遂大溃。汝宁不守，委积军资如山，率为盗有。脱脱匿其败，反以捷闻。①

蒙古军、色目军既不能用，只得调湖广的苗军，苗军是以犷悍著名的士兵，无军纪可言，淫掠更甚：

杨完者凶肆，掠人货钱，至贵家命妇室女，见之必围宅勒取，淫污信宿，始得纵还。少与相拒，则指以通贼，纵兵屠害。由是部曲骄横。凡屯壁之所，家户无得免焉。民间谣曰：死不怨泰州张（士诚），生不谢宝庆杨。②

就元军和起义军的军纪比较，恰好相反，有这样一个典型例子：

至正十二年（1352年）七月，蕲黄徐寿辉贼党入杭州城。其贼不淫不杀，招民投附者注姓名于簿，籍府库金帛悉辇以去。二十六日浙西廉访使自绍兴率盐场灶丁过江，同罗木营官军克复城池，贼遂溃散……四平章教化自湖州统军归，举火焚城，残伤殆尽。③

蒙古兵、汉兵都不能用，于是只好用募兵和义兵了。募兵是用钱

---

① 叶子奇：《草木子》卷三上，《克谨篇》。
② 姚桐寿：《乐郊私语》。
③ 钱谦益：《国初群雄事略》卷三。

雇人为兵：

> 江州已陷，贼据池阳。太平官军止三百人，贼号百万。……乃贷富人钱募人为兵。先是行台募兵，人给百五十千无应者。至是星吉募兵，人五十千，众争赴之，一日得三千人。①

义兵则为地主及官吏所组织的地方私军。这两种军队的领袖大体都是汉人，在元帝国将亡的前夕，蒙古人种族之见仍未消泯，汉人有功亦不蒙赏，而对于叛军领袖则一抚再抚，縻以好爵，结果义兵也只好掉过头来起义加入起义军队伍中去。叶子奇记：

> 天下治平之时，台省要官皆北人为之，汉人、南人万中无一二，其得为者不过州县卑秩，盖亦仅有而绝无者也。后有纳粟、获功二途，富者往往以此求进。令之初行，尚犹与之，及后求之者众，亦绝不与。南人在都求仕者，北人目为腊鸡，至以相訾诟，盖腊鸡为南方馈北人之物也，故云。及方寇起，濒海豪杰如蒲圻赵家、戴纲司家、陈子游等倾家募士，为官收捕，至兄弟子侄皆歼于盗手，而卒不沾一命之及，屯膏吝赏至于此。其大盗一招再招，官已至极品矣。于是上下解体，人不向功，甘心为盗矣。又获功之官，于法非得风宪体复牒文，不辄命官。宪使招揽非得数千缗不与行遣，故有功无钱者往往事从中辍，皆抱怨望。其后盗塞寰区，空名宣敕，遇微功即填给，人已不荣之矣。②

---

① 《元史》卷一四四，《星吉传》。
② 叶子奇：《草木子》卷三上，《克谨篇》。

117

反之，无功而有钱的富商大贾，则乘机用贿拜官：

> 庐州开义兵三品衔门，而使者悉以富商大贾为之。有一巨商五兄弟受宣者，此岂尝有寸箭之功！而有功者皆不受赏。故寇至之日，得赏者皆以城降，而未赏者皆去为贼。①

在这局面下，当时比较有眼光的学者的看法，一派人以为是纪纲败坏的结果，应由中央负责：

> 承平以来，百年于兹。礼乐教化，日益不明，纲纪法度，日益废弛，上下之间，玩岁愒日，率以为常，恬不为怪。一旦盗贼猝起，茫然无措，总兵者唯事虚声，秉钧者务存姑息，其失律丧师者未闻显戮一人，玩兵养寇者未闻明诛一将。是以不数年间，使中原云扰，海内鼎沸，山东、河北，芥为丘墟，千里王畿，举皆骚动，而终未见尺寸之效者，此无他，赏罚不明而是非不公故也。②

另一派人以为是吏治腐败的缘故，应由地方负责：

> 国家承平百年，武备浸弛，……方面多贵游子弟，贪鄙庸才，漫不省君臣大义，草芥吾民，虚张战功，肆意罔上，诛求冤滥，惨酷百端。重以吏习舞文，旁罗鹰犬，意所欲陷，则诬与盗贼通，其

---

① 余阙：《青阳集》卷五，《再上贺丞相书》。
② 李士瞻：《经济文集》卷一，《上中书丞相书》。

弊有不忍言者。间存一二廉介，则又矜独断，昧远图，坐失机会，民日益弊，盗日益滋。①

可以说是都说中了，但都只说到了一面。

---

①周霆震：《石初集》卷二，《古金城谣序》。

明代之粮长 *

《明太祖实录》卷六八："洪武四年九月丁丑，上以郡县吏每遇征收赋税，辄侵渔于民，乃命户部令有司料民土田，以万石为率，其中田土多者为粮长，督其乡之赋税。且谓廷臣曰：此以良民治良民，必无侵渔之患矣。"于每粮万石中，选其田土多者为粮长，洪武六年九月又于粮长下设知数、斗级、运粮夫以佐之，《实录》卷八五："辛丑，诏松江、苏州等府，于旧定粮长下，各设知数一人，斗级二十人，送粮夫千人，俾每岁运纳，不致烦民。"并特令粮长有犯，许纳钞赎罪。《实录》卷一〇二："洪武八年十二月癸巳，上谕御史台臣曰：比设粮长，令其掌收民租，以总输纳，免有司科扰之弊，于民甚便。自今粮长有杂犯死罪及徒流者，止杖之，免其输作，使仍掌税粮。御史台臣言，粮长有犯许纳钞赎罪。制可。"洪武三十年又改设正副粮长，《实录》卷二五四："七月乙亥，命户部下郡县更置粮长，每区设正副粮长三名，以区内丁粮多者为之。编定次序，轮流应役，周而复始。"《明史·食货志二·赋役》："粮长者，太祖时，令田多者为之，督其乡赋税。岁七月，州县委官偕谐京，领勘合以行。粮万石，长、副各一人，输以时至，得召见，语合辄蒙擢用。末年更定，每区正、副

---

* 节选自《明代之粮长及其他》一文，原载《云南大学学报》第一期，1938 年。——编者注

二名轮充。宣德间，复永充。科敛横溢，民受其害，或私卖官粮以牟利。其罢者，亏损公赋，事觉，至殒身丧家。"英宗时又改永充为轮役，《英宗实录》卷九五："正统七年八月辛丑，命苏、松、常、嘉、湖、杭六府粮长，岁一更之，从监察御史柳寻奏也。"《明史·食货志二》："景泰中革粮长，未几又复。自官军兑运，粮长不复输京师，在州里间颇滋害。"嘉靖二年"谕德顾鼎臣条上钱粮积弊四事：一曰催办岁征钱粮：成、弘以前，里甲催征，粮户上纳，粮长收解，州县监收。粮长不敢多收斛面，粮户不敢搀杂水谷糠秕，兑粮官军不敢阻难多索，公私两便。近者，有司不复比较经催里甲负粮人户，但立限敲扑粮长，令下乡催征。豪强者则大斛倍收，多方索取，所至鸡犬为空。孱弱者为势豪所凌，耽延欺赖，不免变产补纳。至或旧役侵欠，责偿新佥，一人逋负，株连亲属，无辜之民死于笔楚图圄者几数百人。且往时，每区粮长不过正、副二名，近多至十人以上。其实收掌管粮之数少，而科敛打点使用年例之数多。州县一年之间，辄破中人百家之产，害莫大焉。宜令户部议定事例，转行所司，审编粮长，务遵旧规。如州县官多佥粮长，纵容下乡，及不委里甲催办，辄酷刑限比粮长者，罪之，致人命多死者，以故勘论"。"疏下，户部言：'所陈俱切时弊，令所司举行。'迁延数载如故。"以上有明一代粮长制之沿革也。

粮长制之设，宋景濂曾原其立法之意为之说，《朝京稿》卷五《上海夏君新圹铭》："国朝有天下，患吏之病细民，公卿建议以为吏他郡人，与民情不孚，又多蔽于黠胥宿豪，民受其病固无怪。莫若立巨室之见信于民者为长，使主细民土田之税，而转输于官。于是以巨室为粮长，大者督粮万石，小者数千石。制定而弊复生，以法绳之，卒莫能禁。"吴宽《匏翁家藏稿》卷五二《恭题粮长敕谕》则以为粮长之制特重于东南，至颁以重其事："昔在高皇帝初定天下，以苏、松等府粮饷所资，择产厚之民，俾理其事，号曰粮长，每岁将征敛例赴阙下，而听宣谕而还。自鼎迁于北，累朝恪遵其制，率下敕词于南京户部，人给一道。"太祖所谓田土多者，景濂所谓巨室，匏翁所谓产厚之民，以今名释之，即大地主也。平居鱼肉兼并之不足，一旦假以事权，责之收纳，如虎傅翼，其恶乃愈肆，驯至富者愈富，贫者愈贫，而民生乃不可问。其弊胎于立法之际，炽于犯罪许赎之时，而极于永充之日。至中叶以后，朝政不纲，任役者家业立碎，则巨室产厚者又以贿去其籍，贫难下户一被佥发，率举室逃散，视为畏途矣。此制为明太祖所亲定，顾不廿年而弊端百出，太祖虽悔之而不能改，则以其立国之基，固凭借于厚产之巨室也。其弊之见于官书者，如太祖所亲颁之《大诰续诰》第二十一：

嘉定县校长金仲芳等三名，巧立名色（虐民）凡一十有八：一定舡钱 一包纳运头米 一临运钱 一造册钱 一车脚钱 一使用钱 一络麻钱 一铁炭钱 一申明旌善亭钱 一修理仓廒钱 一点舡钱 一馆驿房舍钱 一供状户口钱 一认役钱 一黄粮钱 一修墩钱 一盐票钱 一出曲子钱

同书第四十七：

粮长邾阿乃起立名色，科扰粮户。其扰民之计，立名曰舡水脚米，斛面米，装粮饭米，车脚钱，脱夫米，造册钱，粮局知房钱，看米样

中米，灯油钱，运黄粮脱夫米，均需钱，棕软篾钱一十二色，通计敛米三万二千石，钞一万一千一百贯，正米止该一万，便做加五收受，尚余二万二千石，钞一万一千一百贯。民无了纳者，以房屋准之者有之，揭屋瓦准者有之，变卖牲口准者有之，衣服段匹布帛之类准者亦有之，其锅灶、水车、农具尽皆准折。

宣宗时，南京监察御史李安上言粮长苛征之害，《宣宗实录》卷七四：

宣德五年闰十二月壬寅，南京监察御史李安言：各处粮长皆殷实之家以承充之，故习于豪横，威制小民，妄意征求，有折收金银段匹者，有每石征二三石者，有准折子女、畜产者；任情费用，或纵恣酒色，或辗转贩卖。营私有余，输官不足，稽其递年税粮完者无几。宜禁革以便民，命行在户部计议施行。

江西耆民则陈诉永充粮长之怙势害民，《宣宗实录》卷七四：

宣德五年闰十二月庚戌，江西庐陵、吉水二县耆民建言：永充粮长怙势害民，如征夏税，一图不及一石，而甲首十人各科棉布一匹，又折使用棉布五匹，至二十倍有余。若征收秋粮，每石加倍以上，又征用绵布十五匹。复以官府支费为名，每甲首一人别科银二两。甚至在乡强占灌田陂塘，阻遏水利，民多怨苦。皆因永充之故。

监察御史张政又痛陈粮长之作奸犯科，《宣宗实录》卷七八：

宣德六年四月癸亥,监察御史张政言:洪武间设粮长专办税粮。近见浙江嘉、湖、直隶、苏、松等府粮长,兼预有司诸务,徭役则纵富役贫,科征则以一取十,词讼则颠倒是非,粮税则征敛无度,甚至役使善良,奴视里甲,作奸犯科,民受其害,乞为禁治。命行在户部禁约。

仁、宣两代在明代号为极盛,吏治修明,民生乐业,史家多艳称之,顾粮长之弊,乃与续诰所言无异,甚且过之。小民困不聊生。国库输纳不足,损民蠹国,而粮长乃愈肥,大地主乃愈大。英宗时常熟知县郭南言粮长奸敝,负欠税粮,《英宗实录》卷五:

宣德十年五月辛卯,直隶苏州府常熟县知县郭南奏:各州县佥替粮长,多不循公,致奸弊不一,负欠税粮。乞遇佥替时,令州县官选丁多殷实为众所服者充投,仍具姓名,申达上司。奏下行在户部,请如其言,从之。

次年江南县民复奏粮长违诏科征,巧立名色,以致小民逋欠,《英宗实录》卷一四:

正统元年二月丁未,应天府江宁县民奏:本县抛荒官田,令民佃种,已有诏例准民田起科,而粮长不遵,一依官田全征,民受其害。又巧立过乡名色,每年夏税秋粮索取麦稻,以致小民逋欠。奏下行在户部,覆奏令巡抚侍郎体实具闻,以凭究问。上恐累及平人,但令移交禁止之。

驯至剖理词讼，屈抑无辜，正统十一年特诏禁止，《英宗实录》卷一四一：

> 正统十一年五月甲戌，湖广布政使萧宽奏：近年民间户婚、田土、斗殴等讼，多以粮长剖理，甚至贪财坏法，是非莫辨，屈抑无辜。乞严加禁约，今后不许粮长理讼。从之。

黄省曾《吴风录》记粮长之兼并，及与地方官勾结之情形云：

> 自郭令信任巨万富粮长，纳其赃贿千万，以至粮长倍收人户，吞并乡民，莫之控诉，而粮长自用官银买田、造宅、置妾，百费则又开坐于小户，谬言其逋。至今粮长虎噬百姓，以奉县官。

政府以巨室为爪牙，巨室复假国家之威灵以遂其鱼肉兼并之计，而蚩蚩小民，乃无复有所告诉。农为民本，国本既穷，国斯不国，此太祖所遗之虐政，亦明室积贫积弱之主因也。

晚明仕宦阶级的生活 *

一

晚明仕宦阶级的生活,除了少数的例外,(如刘宗周之清修刻苦,黄道周之笃学正身)可以用"骄奢淫佚"四字尽之。田艺蘅《留青日札》记:"严嵩孙严绍庚、严鹄等尝对人言,一年尽费二万金,尚苦多藏无可用处。于是竞相穷奢极欲。"《明史·严嵩传》记鄢懋卿之豪奢说:"鄢懋卿持严嵩之势,总理两浙两淮长芦河东盐政,其按部尝与妻偕行,制五彩舆,令十二女子舁之。"** 万历初名相张居正奉旨归葬时:"真定守钱普创为坐舆,前舆后室,旁有两庑,各立一童子供使令,凡用舁夫三十二人。所过牙盘上食味逾百品,犹以为无下箸处。"① 这种闹阔的风气,愈来愈厉害,直到李自成、张献忠等起来,这风气和它的提倡者同归于尽。

其实,说晚明才有这样的放纵生活,也不尽然,周玺《垂光集·论治化疏》说:"中外臣僚士庶之家,靡丽奢华,彼此相尚,而借贷费用,习以为常。居室则一概雕画,首饰则滥用金宝,倡优下贱以绫缎为袴,市井光棍以锦绣缘袜,工匠役之人任意制造,殊不畏惮。虽朝

---

* 原载《大公报·史地周刊》,第三十一期,1935年4月19日。——编者注
** 引文当出自《廿二史劄记·卷三十四明史·明仕宦僭越之甚》,《明史》文本与其略有不同。——编者注
① 《明史》卷二一三,《张居正传》。(引文疑有误,出处同上条。——编者注)

廷禁止之诏屡下，而奢靡僭用之习自如。"①周玺是弘正时人（？—1508），可见在十六世纪初期的仕宦生活已经到这地步。风俗之侈靡，自上而下，风行草偃，渐渐地浸透了整个社会。堵允锡曾畅论其弊，他说："冠裳之辈，怡堂成习，厝火忘危，膏粱文绣厌于口体，宫室妻妾昏于志虑，一簋之费数金，一日之供中产，声伎优乐，日缘而盛。夫缙绅者士民之表，表之不戒，尤以成风。于是有纨袴子弟，益侈豪华之志以先其父兄，温饱少年亦竞习裘马之容以破其家业，挟弹垆头，吁庐伎室，意气已骄，心神俱溃，贤者丧志，不肖倾家，此士人之蠹也。于是又有游手之辈，习谐媚以蛊良家子弟，市井之徒，咨凶谲以行无赖之事，白日思群，昏夜伏莽，不耕不织，生涯问诸傥来，非士非商，自业寄于亡命，狐面狼心，冶服盗质，此庶人之蠹也。如是而风俗不致颓坏，士民不致饥寒，盗贼不致风起者未之有也。"②

二

大人先生有了身份有了钱以后，饱食终日，无所用心，自然而然会刻意去谋生活的舒适，于是营居室，乐园亭，侈饮食，备仆从，再进而养优伶，召伎女，事博弈，蓄姬妾，雅致一点的更提倡玩古董，讲版刻，组文会，究音律，这一集团人的兴趣，使文学、美术、工艺、金石学、戏曲、版本学等部门有了飞跃的进展。

八股家幸而碰上了机会，得了科第时，第一步是先娶一个姨太太，（以今较昔，他们的黄脸婆还有不致被休的运气）王崇简《冬夜笔记》：

---

① 《垂光集》卷一。
② 《堵文忠公集·救时十二议疏》。

"明末习尚，士人登第后，多易号娶妾。故京师谚曰：改个号，娶个小。"第二步是广营居室，做大官的邸舍之多，往往骇人听闻，田艺蘅记严嵩籍没时之家产，光是第宅房屋一项，在江西原籍共有六千七百四间，在北京共一千七百余间。[1]陆炳当事时，营别宅至十余所，庄园遍四方。[2]郑芝龙田园遍闽粤，在唐王偏安一隅的小朝廷下，秉政数月，增置仓庄至五百余所。

　　士大夫园亭之盛，大概是嘉靖以后的事。陶奭龄说："少时越中绝无园亭，近亦多有。"[3]奭龄是万历时代人，可见在嘉隆前，即素称繁庶的越中，士大夫尚未有经营园亭的风气。园亭的布置，除自己出资建置外，大抵多出于门生故吏的报效。顾公燮《消夏闲记》卷上说："前明缙绅虽素负清名者，其华屋园亭佳城南亩，无不揽名胜，连阡陌。推原其故，皆系门生故吏代为经营，非尽出己资也。"王世贞《游金陵诸园记》记南京名园除王公贵戚所有者外，有王贡士杞园、吴孝廉园、何参知露园、卜太学味斋园、许典客长卿园、李象先茂才园、汤太守熙召园、陆文学园、张保御园等。《娄东园亭志》仅太仓一邑有田氏园、安氏园、王锡爵园、杨氏日涉园、吴氏园、季氏园、曹氏杜家桥园、王世贞弇州园、王士骐约园、琅玡离赟园、王敬美澹园等数十园。园亭既盛，张南垣至以叠石成名："三吴大家名园，皆出其手。其后东至于越，北至于燕，召之者无虚日。"[4]

---

[1]《留青日札》。
[2] 林时对：《荷锸丛谈》卷四。
[3]《小柴桑喃喃录》下。
[4] 黄宗羲：《撰杖集·张南垣传》。

对于饮食衣服尤刻意求精，互相侈尚。《小柴桑喃喃录》卷上记："近来人家酒席，专事华侈，非数日治具，水陆毕集，不敢轻易速客。汤饵肴蔌，源源而来，非惟口不给尝，兼亦目不周视，一筵之费，少亦数金。"平居则"耽耽逐逐，日为口腹谋"。张岱《陶庵梦忆》自述："越中清馋无过余者，喜啖方物。北京则苹婆果、黄㿖、马牙松；山东则羊肚菜、秋白梨、文官果、甜子；福建则福橘、福橘饼、牛皮糖、红腐乳；江西则青根、丰城脯；山西则天花菜，苏州则带骨鲍螺、山查丁、山查糕、松子糖、白圆、橄榄脯；嘉兴则马交鱼脯、陶庄黄雀；南京则套樱桃、桃门枣、地栗团、窝笋团、山查糖；杭州则西瓜、鸡豆子、花下藕、韭芽、元笋、塘栖蜜橘；萧山则杨梅、莼菜、鸠鸟、青鲫、方柿；诸暨则香狸、樱桃、虎栗；嵊则蕨粉、细榧、龙游糖；临海则枕头瓜；台州则瓦楞蚶、江瑶柱；浦江则火肉；东阳财南枣；山阴则破塘笋、谢橘、独山菱、河蟹、三江屯蛏、白蛤、江鱼、鲥鱼、里河鰦。远则岁致之，近则月致之，日致之。"①衣服则由布袍而为绸绢，由浅色而改淡红。范濂《云间据目钞》记云间风俗，虽然只是指一个地方而言，也足以代表这种由俭朴而趋奢华的时代趋势。他说："布袍乃儒家常服，周年鄙为寒酸，贫者必用绸绢色衣，谓之薄华丽。而恶少且从典肆中觅旧段旧服翻改新起，与豪华公子列坐，亦一奇也。春元必用大红履，儒童年少者必穿浅红道袍，上海生员冬必穿绒道袍，暑必用绉巾绿伞，虽贫如思丹，亦不能免。稍富则绒衣巾，盖益加盛矣。余最贫，尚俭朴，年来亦强服色衣，乃知习俗移人，贤者不免。"明代制定士庶服饰，不许混淆，嘉靖以后，这种

---

① 张岱：《陶庵梦忆》卷四，《方物》。

规定亦复不能维持，上下群趋时髦，巾履无别。范濂又记："余始为诸生时，见朋辈戴桥梁绒线巾，春元戴金线巾，缙绅戴忠靖巾。自后以为烦俗，易高士巾素方巾，复变为唐巾晋巾汉巾褊巾。丙午（1606年）以来皆用不唐不晋之巾，两边玉屏花一双，而年少貌美者加犀玉奇簪贯发。"他又很愤慨地说："所可恨者，大家奴皆用三镶宦履，与士官漫无分别，而士官亦喜奴辈穿著，此俗之最恶者也。"

三

士大夫居官则狎优纵博，退休则广蓄声伎，宣德间都御史刘观每赴人邀请，辄以妓自随。户部郎中肖翔等不理职务，日惟挟妓酣饮恣乐。[1]曾下饬禁止："宣德四年八月丙申，上谕行在礼部尚书胡濙曰：祖宗时文武官之家不得挟妓饮宴。近闻大小官私家饮酒，辄命妓歌唱，沉酣终日，怠废政事。甚者留宿，败礼坏俗。尔礼部揭榜禁约，再犯者必罪之。"[2]妓女被禁后，一变而为小唱，沈德符说："京师自宣德顾佐疏后，严禁官妓，缙绅无以为娱，于是小唱盛行，至今日几如西晋太康矣。"[3]实际上这项禁令也只及于京师居官者，易代之后，勾栏盛况依然。《冰华梅史》有《燕都妓品序》："燕赵佳人，颜美如玉，盖自古艳之。矧帝都建鼎，于今为盛，而南人风致，又复袭染熏陶，其色艳宜惊天下无疑。万历丁酉庚子（1597—1600）其妖冶已极。"所定花榜借用科名条例有状元榜眼探花之目。称妓则曰老几，

---

[1] 《明宣宗实录》卷五六。
[2] 《明宣宗实录》卷五七。
[3] 《野获编》卷二四。

茅元仪《暇老齐杂记》卷四："近来士人称妓每曰老,如老一老二之类。"同时曹大章有《秦淮士女表》,《萍乡花史》有《广陵士女殿最序》。余怀《板桥杂记》记南京教坊之盛:"南曲衣裳妆束,四方取以为式。"崇祯中四方兵起,南京不受丝毫影响,依然征歌召妓:"宗室王孙,翩翩裘马,以及乌衣子弟湖海宾游,靡不挟弹吹箫,经过赵李,每开筵宴,则传呼乐籍,罗绮芬芳,行酒纠觞,留髡送客,酒阑棋罢,堕珥遗簪,真欲界之仙都,升平之乐国也!"①

私家则多蓄声伎,穷极奢侈。万历时理学名臣张元忭后人的家伎在当时最负盛名。《陶庵梦忆》卷四《张氏声伎》条记:"我家声伎,前世无之。自大父于万历年间与范长白邹愚公黄贞父包涵所诸先生讲究此道,遂破天荒为之。有可餐班,次则武陵班……再次则梯仙班……再次则吴郡班……再次则苏小小班……再次则平子茂苑班……主人解事日精一日,而傒僮伎艺则愈出奇愈。"阮大铖是当时最负盛名的戏曲作家,他的家伎的表演最为张宗子所称道。同书卷八记:"阮元海家优讲关目,讲情理,讲筋节,与他班孟浪不同。然其所打院本又皆主人自制,笔笔勾勒,苦心尽出,与他班卤莽者又不同。故所搬演本本出色,脚脚出色,出出出色,句句出色,字字出色。"士大夫不但蓄优自娱,谱制剧曲,并能自己度曲,压倒伶工。沈德符记:"近年士大夫享太平之乐,以其聪明寄之剩技。吴中缙绅留意音律,如太仓张工部新、吴江沈吏部璟、无锡吴进士澄时俱工度曲,每广座命伎,即老优名倡俱皇遽失措,真不减江东公瑾。"②风气所趋,使梨园大盛,

---

①余怀:《板桥杂记》。
②《野获编》卷二四。

所演若《红梅》《桃花》《玉簪》《绿袍》等记不啻百种:"括共大意,则皆一女游园,一生窥见而悦之,遂约为夫妇。其后及第而归,即成好合。皆徒撰诡名,毫无古事可考,且意俱相同,毫无足喜。"乡村每演剧以祷神:"谓不以戏为祷,则居民难免疾病,商贾必值风涛。"①豪家则延致名优,陈懋仁《泉南杂志》:"优伶媚趣者不吝高价,豪奢家攘而有之,婵鬓傅粉,日以为常。"使一向被贱视的伶工,一旦气焰千丈。徐树丕《识小录》记吴中在崇祯十四年(1641年)奇荒后的情形:"辛巳奇荒之后……优人鲜衣美食,横行里中。人家做戏一台,一本费至十余金,而诸优犹恨恨嫌少。甚至有乘马者,乘舆者,在戏房索人参汤者,种种恶状。然必有乡绅主之,人家惴惴奉之,得一日无事便为厚矣。"优人服节有至千金以上者。②男优之外,又有女戏:"十余年来苏城女戏盛行,必有乡绅主之。盖以倡兼优而缙绅为之主。"③亦有缙绅自教家姬演戏者,张岱记朱云崃女戏,"西施歌舞,对舞者五人,长袖缓带,绕身若环,曾挠摩地,扶旋猗那,弱如秋乐;女官内侍,执扇葆璇盖、金莲宝炬、纨扇宫灯二十余人,光焰荧煌,锦绣纷叠,见者错愕"④。刘晖吉女戏则以布景著:"刘晖吉奇情幻想,欲补从来梨园之缺陷;如唐明皇游月宫,叶法善作,场上一时黑魆地暗,手起剑落,霹雳一声,黑幔忽收,露出一月,其圆如规,四下以其羊角染五色云气,中坐常仪,桂树吴刚,白兔捣药。

---

① 汤来贺:《梨园说》。
② 黄宗羲:《南雷集子·刘子行状》。
③ 《识小录》卷二。
④ 《陶庵梦忆》卷二。

轻纱缦之内，燃赛月明数株，光焰青黎，色如初曙，撒布成梁，遂蹑月窟，境界神奇，忘其为戏也。"①

四

士大夫的另一种娱乐是赌博。顾炎武《日知录》记："万历之末太平无事，士大夫无所用心，间有相从赌博者。至天启中始行马吊之戏，而今之朝士若江南山东几于无人不为此。有如韦昭论所云穷日尽明，继以脂烛，人事旷而不修，宾旅阙而不接。"甚至有"进士有以不工赌博为耻"的情形。吴伟业又记当时有叶子戏："万历末年，民间好叶子戏，图赵宋时山东群盗姓名于牌而斗之，至崇祯时大盛。有曰闯，有曰献，有曰大顺，初不知所自起，后皆验。"②缙绅士大夫以纵博为风流，《列朝诗集小传》记："福清何士璧跅弛放迹，使酒纵博。""皇甫冲博综群籍，通挟凡击毬音乐博弈之戏，吴中轻侠少年咸推服之。""万历间韩上桂为诗多倚待急就，方与人纵谈大噱，呼号饮博，探题立就，斐然可观。"此风渐及民间，结果是如沈德符所说："今天下赌博盛行，其始失货财，甚则鬻田宅，又甚则为穿窬，浸成大伙劫贼，盖因本朝法轻，愚民易犯。"③

自命清雅一点的则专务搜古董，巧取豪夺："嘉靖末年海内宴安，士大夫富厚者以治园亭教歌舞之际，间及古玩。如吴中吴文恪之孙，溧阳史尚宝之子，皆世藏珍秘，不假外索。延陵则稽太史应科，云间

---

① 《陶庵梦忆》卷五。
② 《绥寇纪略》卷一二。
③ 《野获编补遗》卷三。

则朱太史大韶,携李项太学,锡山安太学华户部辈不吝重资收购,名播江南。南部则姚太史汝循、胡太史汝嘉亦称好事。若辈下则此风稍逊,惟分宜严相国父子、朱成公兄弟并以将相当途,富贵盈溢,旁及雅道,于是严以势劫,朱以货贿,所蓄几及天府。张江陵当国亦有此嗜。董其昌最后起,名亦最重,人以法眼归之。"①年轻气盛少肯读书的则组织文社,自相标榜,以为名高。《消夏闲记》下:"文社始于天启甲子张天如等之应社……推大讫于四海。于是有广应社,复社,云间有几社,浙江有闻社,江北有南社,江西有则社,又有历亭席社,昆阳云簪社,而吴门别有羽朋社,武林有读书社,山左有大社,佥会于吴,统于复社。"以讥弹骂詈为事,黄宗羲讥为学骂,他说:"昔之学者学道者也,今之学者学骂者也。矜气节者则骂为标榜,志经世者则骂为功利,读书作文者则骂为玩物丧志,留心政事者则骂为俗吏,接庸僧数辈则骂考亭为不足学矣,读艾千子定待之尾,则骂象山阳明为禅学矣。濂溪之主静则盘桓于腔子中者也,洛下之持敬则曰是有方所之学也。逊志骂其学误主,东林骂其党亡国,相讼不决,以后息者为胜。"②老成人物则伪标讲学,内行不修。艾南英《天傭子集》曾提及江右士夫情形:"敝乡理学之盛,无过吉安,嘉隆以前,大概质行质言,以身践之。近岁自爱者多而亦不无仰愧前哲者。田土之讼,子女之争,告讦把持之风日有见闻,不肖视其人皆正襟危坐以持论相高者也。"③

---

① 《野获编》卷二六。
② 《南雷文案》卷一七。
③ 艾南英:《天傭子集》卷六,《复陈怡云公祖书》。

仕宦阶级有特殊地位，也自有他们的特殊风气。《小柴桑喃喃录》卷下说："士大夫膏肓之病，只是一俗，世有稍自脱者即共命为迂为疏为腐，于是一入仕途，则相师相仿，以求入乎俗而后已。如相率而饮狂泉，亦可悲矣。"在这情形的社会，谢肇淛说得最妙："燕云只有四种人多，奄竖多于缙绅，妇女多于男子，倡伎多于良家，乞丐多于商贾。"①

---

① 《五杂俎》卷三。

唐顺之论明代刻书 *

读古书要讲究版本,要求刻的书错字少一些,刊行的时代早一些,更近于原来面貌一些,这原是无可厚非的事。但是,也有那么一些人,片面地讲究孤本,机械地追求版本,其目的不是为了求真,而是为了"孤",为了"古",对于书的内容,倒不十分在意。古代有个"买椟还珠"的故事,我看,这类人倒很像。

读书,是读书的形式,读书的版本,还是读书的内容呢?

宋版,元版,讲版本的人很重视,不得已而求其次,明版也将就。

明朝人刻文集最多,也很喜欢刻丛书。

也就是在明朝,有个唐顺之,他也有部文集,叫《荆川文集》。这个人很有趣,有趣在立下遗嘱叫后人不要给他刻文集,而后人偏给他刻文集,这部文集还留传到现在。

下面是他的两封信,都是大骂特骂刻文集的:

我常常想起,天地间有那么几件事情,人人见惯而绝是可笑的,一件是有些卖酒杀猪的市井细人,有一碗饭吃,死后必定有一篇墓志。一件是达官贵人,中过举人进士、稍有名目的,死后也必然有一部诗

---

* 本文出自吴晗《灯下集》,生活·读书·新知三联书店 1960 年 6 月出版。——编者注

文刻集。好像是活着必得喝水吃饭，死去必得有衣衾棺椁，一样不能缺那样。这种情况，不但三代以前没有，汉、唐以前也绝不是这样。

幸亏还好，这些墓志也罢，诗文集也罢，不久就都泯灭了。

不过，尽管毁灭了很多，剩下的还是满屋子。假如不毁掉一些，都留着，即使以天地作书架子，也安顿不下。这种文字，假如家家收藏，用秦始皇办法，作用一番，代替柴火，南山的煤炭竹木，不是都可减价了。可笑，可笑。

我平常以为刻文集是无廉耻的行为。我死后有闲人作此业障，我不敢保险。至于自家子弟，则必须有遗嘱说破此意，不让他们作这业障。①

在另一封信里又说：

今世所谓文集，到处都是，多得很。其实一字无用。作者原来是想靠这个不朽的，结果相反，只会暴露自己的"陋"，给人取笑，这不叫作木灾吗？②

说得很痛快。虽然也有些过火，例如卖酒杀猪的有些人有这么篇把墓志，也不一定不可以，有些人刻的文集内容也不见得都是一字无用，刻文集也不能一概而论都是无廉耻之类。虽然也有的地方不对头，例如三代以前根本没有印刷术，怎么有可能大刻其文集，汉、唐这两代也是这样。但是，毕竟说出明代这时期的风气，胡乱刻书，刻的书

---

① 《荆川文集》卷六，《答王遵岩书》《与卜无锡书》。
② 《荆川文集》卷六，《答王遵岩书》《与卜无锡书》。

很有些是要不得的。

至于明人刻的丛书，改头换面，偷工减料，东抄西袭，胡拼瞎凑，毛病多得很。虽然也有不少是好的，的确保存着许多有用的东西，给人方便，功劳不少。但是，留传下来的不尽都是好的。

为什么这个时代会有这样胡乱刻书的风气呢？

一个理由是经济的，十世纪以后，印刷术发达了，元、明之间许多城市都成了刻书中心，木头、纸张、刻工都方便，只要舍得钱，就可刻书。特别是做地方官的人，可以利用职权，或者通过修地方志的方便，附带刻自己的诗文。即使不是现任地方官，只要做过京官，有过功名的，也可以通过有什么"年谊""世谊"的地方官来办。不信，请查查现存的明人文集，能找出几个不是做过官，或是有过功名的。

另一个是政治的，清蒋超伯《南漘楛语》：

明代官场，行贿风气很盛。按规矩送钱时一定要配以书，特别是新刻的书。闹得到处刻书，连校对也来不及了。如陈埴《木钟集》，是弘治时温州知府邓淮重刻的，都穆的《南濠诗话》是和州知州黄桓所刻的，序文上都说是捐俸绣梓，用广流传，像这样的不一而足。

行贿用书陪衬，显得雅一些，有个专门名词叫书帕。明人徐树丕《识小录》四说：

往时书帕，惟重两衙门，最多也不过三四十两银子。外舅作翰林时，外官送书帕，少的不过三四两银子，那时也不过作为往来交际常事，不大引起注意。后来朝廷严厉禁止，结果，白的不送了，换成黄的金子，又嫌累赘，索性换成圆的白的发光的珠子了。近年来外官和京官相见，往往一面作揖寒暄，两手就作交易。

这就是明代后期的政治风气，也就是明代刻书特别多，特别滥的道理。

第四编

古代老百姓的日常生活：
细微之处看历史

烟草初传入中国的历史*

十年前美国 Berthold Lunber 写了一本叫 *Jobacco and Its Usein Ssiu* 的小册子**，说明烟草输入亚细亚各地的情形。据他的研究，日本在 1615 年（明万历四十三年）曾一度下令禁止吸烟，焚毁烟叶，拔去未收获的烟草。烟草的输入日本开始种植大约是 1605 年左右的事，第一次带烟叶到日本来的是葡萄牙人（南蛮），时期是十六世纪末年。不过几年，长崎便有人经营烟草种植，吸烟的习惯很快地就传播到各处，不顾禁令，为举国人所爱好。日人用 tnbako 即由葡文 tabuco 而来。

在中国方面，最初传入烟草的是十七世纪初年的福建水手，他们从吕宋带回来烟草的种子。再从福建南传到广东，北传到江浙。明末名医张介宾（景岳）在他的著作中第一次提到烟草的历史和故事。他说："烟草自古未闻，近自我明万历时（1573—1620）出于闽广之间，自后吴楚土地皆种植之。总不若闽中者色微黄质细，名为金丝烟者力强气胜为优。求其习服之始，则向以征滇之役，师旅深入瘴地，无不染病，独一营安然无恙，问其故，则众皆服烟，由是遍传。今则西南一方无分老幼，朝夕不能间矣。"在 1638 年（崇祯十一年）、1641 年

---

* 原载天津《益世报史学》第三期，1935 年 5 月 28 日。——编者注
** 原文如此。但人名应为"Berthold Laufer"，后文中出现的"Lunfer"也是指他。书名应为"Tobacco and it's use in Asia"。——编者注

都曾有诏谕禁止吸烟和种烟，但在实际并未发生效力，到崇祯末年（1628—1644）已经到了"三尺之童无不吸烟"的地步了。

在高丽，据荷兰水手 Henry Hamel of Gorcum 1668 年的报告，在五六十年前高丽已经从日本输入烟草和种植的方法，他们以为这种子来自南蛮国（Nampankou），名之为南蛮草（Nampankoy）。在 Hamel 被俘居留在高丽的期间（1653—1668），高丽人已经普遍地有了吸烟的嗜好，连四五岁大的孩子都学着吞云吐雾了。两百年以前高丽烟草最为中国人所爱好，两年一度的高丽使臣到北京进贡，在贡物中就有烟草一项。

烟草传到东方的路线，第一条是由墨西哥到斐力滨，到台湾，到内地。第二条是由葡萄牙人传到印度、爪哇和日本。第三条是俄国向西比利亚南边的时候，学得了吸烟和种烟的方法。Lunfer 的著作是泛论亚洲的烟草传布的，我们不妨再进一步看看烟草在中国传布的情形。

明人除张介宾外，提及烟草的历史的方以智《物理小识》卷九记："万历末有携至漳泉者，马氏造之曰淡肉果，渐传至九边，皆衔长管而火点吞吐之，有醉仆者。明崇祯时（1628—1644）严禁之不止。其本似春不老而叶大于菜，曝干以火酒炒曰金丝烟，北人呼为淡把姑，或呼担不归。其性可以祛湿发散，然服久则肺焦，诸药多不效，其症为吐黄水而死。"漳、泉的烟草来自台湾，《台湾府志·土产门》："淡芭菰冬种春收，晒而切之，以筒烧吸，能醉人。原产湾地，明季漳人取种回栽，今名为烟，达天下矣。"台湾的烟草又来自吕宋，姚旅《露书》："吕宋国有草名淡巴菰，一名金丝醺，烟气从管中入喉，能令人醉，亦辟瘴气。"这是烟草输入中国的第一条路线。第二条路线由南洋输入广东，《粤志》："粤中有仁草，一曰八角草，一曰金丝烟，治验亦多,其性辛散,食其气令人醉。一曰烟草,其种得之大西洋,一名淡巴菰、相思草。闽产者佳。"一说由交趾转入,广东《高要县志》:"烟叶出自交趾,今所在有之。茎高三四尺,叶多细毛,采叶晒干如金丝色,性最酷烈,取一二厘竹管内以口吸之,口鼻出烟,服之以御风湿,徒取一时爽快,然久服面目俱黄,肺枯声干,未有不殒身者。愚民率相习服,如蛾赴火,诚不可不严戢之也。"

北方的烟草则由辽东传入,辽东由朝鲜传入,朝鲜又从日本传入。朝鲜人称烟草为南灵草,又名南草。万历四十四、五年间(1616—1617)由日本输入,天启辛酉、壬戌(1621—1622)以后几于无人不服。再由商贾输入沈阳,清太宗以其非土产,下令禁止。《朝鲜李朝仁宗实录》记1637年朝鲜政府以南草作礼物赠与建州官史:"丁丑七月辛巳户曹启曰:世子蒙鹿于异域……彼人往来馆所者不绝,而行中无可赠之物,请送南草三百余斤。从之。"第二年即被清人所禁:"戊寅(1638年)八月甲午我国人潜以南灵草入送沈阳,为清将所觉,大肆诘责。南灵草,日本国所产之草也。其叶大者可七八寸许,细截而盛之竹筒,或以银锡作筒,火以吸之,味辛烈,谓之治痰消食,而久服往往伤肝气,令人目翳。此草自丙辰、丁巳年间越海来,人有服之者而不至于盛行。辛酉、壬戌以来,无人不服,对食辄代茶饮,或谓之烟茶,或谓之烟酒。至种采相交易。久服者知其有害无利,欲罢而终不能焉,世称妖草。转入沈阳,沈人亦甚嗜之。而虏汗以为非土产,耗财货,下令大禁云。"清人禁令之严,可以从朝鲜方面的禁令看出,同书又记:"庚辰(1640年)四月宾客李远驰启曰:清国南草之禁近来尤重。朝廷事目亦极严峻,而见利忘生,百计潜藏,以致辱国。请今后犯禁者一斤之上先斩后闻,未满一斤者囚禁义州,从轻重科罪。

从之。"两方虽设严禁，甚至处贩卖者以死罪，实际上仍不能完全禁绝。1639年朝鲜派往沈阳的使节即以夹带南草被罪："己卯三月奏请使尹晖还自沈阳，以轿中所藏南草为凤凰城人所发觉，报知沈阳。（为宪府所劾罢职。）"不过这禁令也维持不到几年，便为清国的执政者所自动破坏：同书记，"丙戌（1646年）二月辛巳冬至使李基祚至北京驰启曰：龙将（英俄尔岱）密言于李莳叱石曰：今番减米乃九王之力。九王喜吸南草，又欲得良鹰。南草、良鹰并可入送，以致谢意云。"九王即多尔衮，是当时的摄政王。把以上的记载和Lunfer的文章对比，可说是替Hamel的报告添一有力的佐证。而且南草这一名词也是从日本传来的，言泉："南草，淡巴菰之异称也。"

《李朝实录》记载了烟草输入辽东的情形，在中国方面，这时候山海关以内是明，辽河以东则属新兴的后金（1636年后改称清）势力范围。明人禁烟已见于方以智的记载，后金的禁烟则见于《东华录》：（天聪八年，1634年）上谓贝勒萨哈廉曰：闻有不遵禁烟，犹自擅用者。对臣父大贝勒曾言，所以禁众人，不禁诸贝勒者，或以我用烟故耳。若欲禁止用烟，当自臣等始。上曰：不然，诸贝勒虽用。小民岂可效之。民间食用诸物，朕何尝加禁耶？又谓固山额真那木泰曰："尔等诸臣在衙门禁止人用烟，至家又私用之。以此推之，凡事俱不可信矣。朕所以禁止用烟者，或有穷乏之家，其仆从皆穷乏无衣，犹买烟自用，故禁之耳。不当禁而禁，汝等自当直谏，若以为当禁，汝等何不痛革。不然，外廷私议禁约之非，是以臣谤君，子谤父也。"从这一段记载，我们知道后金之禁烟在1634年以前已经执行，比朝鲜人的记载早四年。第二，当时的王公贝勒大臣都是烟草嗜好者，除朝鲜人所提及的九王外，大贝勒代善是当时吸烟人中的最有名人物。

第三，后金禁烟令专为平民而设，不及贵族。施行后并无成绩，并且为一般贵族所非议。第四，后金之禁止用烟，是站在经济的立场上看的，一方面因为它是无用的消耗品，一方面因为它非土产。这一点除见于朝鲜记载外，并且明见于1641年的烟草解禁令中，《东华录》又记："崇德六年二月戊申谕户部曰：前所定禁烟之令，其种者用者屡行申饬，近见大臣等犹然用之，以致小民效尤不止，故行开禁。凡欲用烟者惟许各人自种而用之，若出边货买者处死。"

烟草输入中国后，立刻传播，成为各地的名产。《延绥镇志》记有崇德烟、黄县烟、曲沃烟、美原烟，结末说："惟日本之倭丝为佳。"《百草镜》说："烟一名相思草……烟品之多，至今极盛，在内地则福建漳州有石马烟，浙常山有面烟，江西有射洪烟，湖广有衡烟，山东有济宁烟，近日粤东有潮烟。"烟草之用为药物，朝鲜医生是最早的发见者。张珊本经逢原说："烟草之火，方书不录惟朝鲜志见之。始自闽人吸以祛瘴，向后北方借以避寒，今则遍行寰宇。"关于烟草的神话，我们也发见了一个有趣的对照。Lunfer 书中记有一个高丽故事说："某王宠姬死，伤悼无似。姬忽示梦云，墓旁有物，名为烟草。采集曝干，以火燃吸，可以止悲，可以忘忧。王得此草，遂蕃国中。"沈云将《食物会纂》："相传海外有鬼国。彼俗人病将死，即异置深山中。昔有国王女病革，弃之去。昏愦中闻芬馥之气，见卧旁有草，乃就而嗅之，便觉遍体清凉，霍然而起，奔入宫中，人以为异，因得是草，故一名返魂烟。"

一九三五年五月七日

按以上云：皆是随意杜撰的神话，不过聊资谈助，阅者自不至据为信史也。

谈火葬 *

火葬自古有之，不从今日始。有人以为直到现在我们才提倡火葬，这是错误的。

有的人认为火葬只是佛教徒习用的丧葬方法，自佛教传入以后，非佛教徒才跟着学的。例如《搜采异闻录》就说："自释氏火葬化之说起，于是死而焚尸者所在皆然。"这是不对的。因为根据文献材料，从佛教传入以前，或者佛教并未流行的地区，就已经有火葬的习俗了。例如《列子》里说，秦国的西面有个义渠国，人死了，堆积柴火，把他烧化，柴烟上升，叫作"登遐"，这样，才称为孝。《荀子》也说，氐、羌地区的人民，不怕别的，就怕死后不给他烧化。由此看来，在古代，我国西部的一些少数民族是习惯于火葬的，认为火葬是好事。

契丹族的平民也有火葬的习俗，如宋张舜民《画墁录》在记了辽使死后的葬法以后，就说"贱者则燔之以归"。五代石晋是沙陀族，石敬瑭的皇后李氏和妃子安氏在被俘到建州病死后，也都是火葬。

汉人中有一些地区也有火葬的习俗，古代的文献虽然无可查考，但至少在十世纪左右是有明文记载的。例如史书记载山西地区地狭民稠，最亲近的人死了，也用火葬。韩琦镇并州（今山西阳曲）时，用

---

* 原载《前线》第 19 期，1962 年。——编者注

公家的钱买了几顷地，提倡土葬。但是，看来民间还是沿用火葬的方法，因为不久以后，公元1091年，范纯仁镇太原的时候，还是"河东地狭，民惜地不葬其亲"。范纯仁只好叫他的下属收拾无主的烧掉的骨头分别男女安葬，达几万具尸骨之多。由此可见，火葬在这个地区是很流行的。

东南地区也是如此。《宋史》记："绍兴二十七年（1157年）禁民间火葬投水中者。"由政府颁布法令禁止火葬，可见火葬流行之广。但是这条法令并没有得到贯彻，《宋史·礼志》说："绍兴二十八年，户部侍郎荣薿言：比因臣僚陈请禁火葬，令州郡置荒闲之地，使贫民得以收葬，诚为善政。臣闻吴越之俗，葬送费广，必积累而后办。至于贫下之家，送终之具，唯务从简，是以从来率以火葬为便，相习成风，势难遽革。况州县休息之久，生齿日繁，所用之地，必须宽广，仍附郭近便处，官司以艰得之故，有未行标拨者。既葬埋未有处所，而行火化之禁，恐非人情所安。欲乞除豪富士族申严禁止外，贫下之民并客旅远方之人，若有死亡，姑从其便……诏依。"由此看来，经济条件是决定当地人民葬俗的根本因素。山西、江苏、浙江等地，人口稠密，耕地不够，除了贵族、官僚、地主以外，一般贫苦百姓，是葬不起土葬的，甚至中等以上的人家，也乐于火葬，如宋周煇《清波杂志》所说："浙右水乡风俗，人死，虽富有力者不办蕞尔之土以安厝，亦致焚如。"正如《中说·天地篇》所说的："古者不以死伤生，不以厚为礼。"死人不应该和活人争地，火葬是节约农业用地的好办法，广大人民是乐于采用的。

正因为火葬在民间有深厚的经济基础，政府有禁令也不管事。公元1260年，吴县尉黄震还写报告，请求把通济寺烽人空亭取消。并且说:"自宋以来,此风日盛,国家虽有漏泽园之设,而地窄人多,不能遍葬,相率焚烧,名曰火葬,习以成俗。"元朝也是盛行火葬的,《明通纪》载:"洪武三年(1370年)令天下郡县设义冢,禁止浙西等处火葬水葬。凡民贫无地以葬者,所在官司择近城宽闲之地,立为义冢。敢有习徇元人焚弃尸骸者,坐以重罪。命部著之律。"黄瑜《双槐岁钞》也有相同记载,并说是明太祖和陶安登南京城楼,闻到焚尸气味以后,才决定下禁令的。但是,有了法律条文禁止也还是不发生作用,黄汝成在《日知录》火葬条的案语说:"火葬之事,杭城至今犹沿其俗。"便是证明。

元明两代之"匠户"*

一

"匠户"是元明两代户籍法中的一种特殊制度，这制度是用种种方式把有特殊技艺的工匠编为"匠户"，子孙世守其业，替国家服役。又以工作的对象和军民户籍的关系，分为"军匠"和"民匠"二种。在户籍中除"民户"和次多数的"军户"外，"匠户"的户数和人口超过其他任何特殊户籍，如僧道盐灶诸户及陵户、园户、海户之类。这制度从元初制定，一直到清初才明令取消（约自1200—1645），施行了四百多年。

蒙古人文化落后，关于军器和日常生活必需品的制造，大部都需仰给于其他高文化的民族。成吉思汗兴起后，因军力之膨胀和疆土之日益扩大，工业品之需要日渐加强，从事制造的工人也因之而特被重视。在攻城作战时，照蒙古军法凡敌人曾经抵抗，城破后依例屠城。惟有艺业的工匠才能免死。西元1232年蒙古军攻汴梁将下时，大将速不台奏请屠城，耶律楚材以"奇巧之功，厚藏之家，皆萃于此。若尽杀之，将无所获"的理由，救免避兵居汴的一百四十七万人的生命。[①]

---

* 原载《云南大学学报》第一期，1938年。——编者注
① 《元史》卷一百四十六，《耶律楚材传》。

被兵处所的遗民也往往以冒为工匠而苟全，如《元史·张雄飞传》所记：

> 国兵屠许，惟工匠得免。有田姓者（雄飞父）琮故吏也，自称能为弓，且诈以雄飞及（琮妾）李氏为家人，由是获全，遂徙朔方。

刘因《静修文集·记武遂杨翁遗事》，据杨翁自述：

> 保州屠城，惟匠者免。予冒入匠中。如予者亦甚众。或欲请择能否，其一人默语之曰："能挟锯即匠也。拔人于生，挤人于死，惟所择。"事遂已。而凡冒入匠中者皆赖以生。

这一些假冒的工匠自然被编入军匠户籍，一部分从军，一部分则被迁徙到朔方工作。同时心地慈祥的将吏也往往借搜简工匠的名义，使难民免于屠戮。《元史·孙威传》记：

> 威每从战伐，恐民有横被屠戮者，辄以搜简工匠为言而全活之。

刘因《浑源孙公先茔碑铭》也说他：

> 前后所领平山安平诸工人，皆俘虏之余。

或则使俘虏学习工艺，著籍为匠户。揭傒斯《揭文安公文集》十三《陕西等处行中书省平章政事吕公墓志铭》记：

合剌廉直多巧思，为初建金玉局使。奏释所获宋间谍钳钛输作者及渡江所俘童男，皆教以工事，世守其业。

至于技艺熟练的优秀工人，则在平金和平宋时均曾大规模地尽室迁徙。《静修文集》十七《济水李君墓表》记：

金人南徙，国朝迁诸州工人实燕京。

《元史》和《元典章》亦记伯颜入临安，尽以文思院、都作院所属工匠北行。或则就地方设局，使俘囚工作。《元史·何实传》：

实分兵攻汴、陈、蔡、唐、邓、许、钧、睢、郑、亳、颍，俘工匠七百余人。宇鲁复命驻兵邢州，分织匠五百户置局课织。

《镇海传》亦记：

先是收天下童男童女及工匠置局弘州。既而得西域织金绮纹工三百余户，及汴京织毛褐工三百户，皆分隶弘州，命镇海世掌焉。

至元十三年又籍江南民为工匠，凡三十万户。[①]三年后又大举籍民匠，王恽《浙西道宣慰使行工部尚书孙公神道碑铭志》：

---

① 《元史》，《张惠传》。

十六年冬授正议大夫浙西道宣慰使兼行工部事。籍人匠四十二万，立局院七十余所，每岁定造币缟弓矢甲胄等物。①

至元二十一年（1284年）重选定江南所取民匠，留下十一万户。《元史·世祖纪》：

五月乙丑，阿鲁忽奴言：曩于江南民户中拨匠户三十万，其无艺业者多。今已选定诸色工匠，余十九万九百余户，宜纵令为民。从之。

到至元二十四年又下令括江南诸路匠户。②

民匠和军匠的分别，民匠只在规定的局所工作，军匠则往往须随军工作，有时且须正式参加作战，被编为匠军。《元史·兵志序》说：

或取匠为军曰匠军。

例如太宗七年（1235年）七月签宣德、西京、平阳、太原、陕西五路人匠充军。命各处管匠头目，除织匠及和林建宫殿一切合干人等外，应有回回、河西、汉儿匠人等，通验丁数，每二十人出军一名。到天下大定后，军匠工作变成固定，始下令造作军人休教出征，如《元典章》所记：

---

① 《秋涧集》卷五十八。
② 《元史》，《世祖纪》。

154

至元三十一年（1294年）正月福建行省准中书省咨：近准湖广行省咨：造作局院军匠，元系亡宋都作院人匠，见行成造常课生活，及供给交阯军器。有管军官依奉行院札付，将八局人匠尽行拖领前去交阯出军，止落后下老弱残病久疾不堪造作人数。兼前项军匠系八局造作籍定匠数，已有定到常课工程即与常调宣人不同。若将上项人匠差拨充军，诚恐失误造作术使，请明白闻奏事。①

可是这只指有固定局所的"军匠"而言，不许将"军匠"充作"匠军"。至于随军的军匠，则恐仍不受这禁令的拘束。

诸民匠户一部分属于工部，分领于诸局所总管府。《元史·百官志一》记诸民匠户所属有：

诸色人匠总管府，秩正三品，掌百工之技艺……其下有梵像、出蜡局、铸泻等提举司及铜局、银局、镔铁局、石局、木局、油漆局等局。

诸司局人匠总管府，掌毡毯等事。

提举右八作司，掌都局院造作镔铁、铜、钢、鍮石，东南简铁州都支持皮毛、杂色羊毛、生熟斜皮、马牛等皮、骔尾、杂行沙里陀等物。

诸路杂造局总管府，其下有帘网局。

荼迭儿局总管府，管领诸色人匠造作等事。

大都人匠总管府，其下有绣局、纹锦总院、涿州罗局等。

随路诸色民匠都总管府，掌仁宗潜邸诸色人匠。

---

① 《元典章》卷三十四，《出征》条。

等总管府。又于大都通州等处置皮货所，晋宁路、冀宁路、南宫、中山、深州、宏州、云内州、大同、恩州、保定、大宁路、顺德路、彰德路、怀庆路、宣德府、东圣州等地置织染提举司。

一部分属于将作院，《百官志四》记：

将作院，秩正二品，掌成造金玉珠翠犀象宝贝冠佩器皿，织造刺绣段匹纱罗，异样百色造作。

其下有诸路金玉人匠总管府，所属有玉局、金银器盒局、玛瑙局、金丝子局、鞓带斜皮局、璀玉局、浮梁磁局、画局、妆钉局、大小雕木局、温犀玳瑁局、漆纱冠冕局等提举司及所。有异样局总管府，所属有异样纹绣、绫绵织染、纱罗等提举司，及大都等路民匠总管府，所属有备章总院、尚衣局、御衣局、高丽提举司、织佛像提举司等。

一部分属于中政院，《百官志四》记：

中政院，秩正二品，掌中宫财赋营造，内正司秩正三品，掌百工营缮之役。

其下有尚工署，管领六盘山等处齐哩克昆民匠都提举司，有翊正司，掌齐哩克昆民匠五千余户，管领上都等处诸色人匠提举司及管领诸路打捕鹰房民匠等户总管府，辽阳等处金银铁冶都提举司等司所。

一部分属于随路诸色人匠总管府。《百官志五》记：

中统五年（1264年）命招集析居放良还俗僧道等户习诸色匠艺，

立管领齐哩克昆总管府以司其造作。

其他列帝潜邸及中宫太子诸王均各有所属民匠,不能备举。

军匠则属于武备寺。其下有大同路、平阳路、太原路、保定、真定路、辽河等处蔚州、宣德、大宁路等军器人匠提举司,广平路、通州、蓟州、大都等甲局,归德府、汝宁府、陈州军器局、箭局、弦局、杂造局等等。

《元经世大典·工典总叙》分诸工匠的工作大要为二十二门:一官苑,二官府,三仓库,四城郭,五桥梁,六河渠,七郊庙,八僧寺,九道宫,十庐帐,十一兵器,十二卤簿,十三玉工,十四金工,十五木工,十六抟埴之工,十七石工,十八丝枲之工,十九皮工,二十毯罽之工,二十一画塑工,二十二诸匠。诸匠户的户数试以金玉工作例:

中统二年敕徙和林白八里及诸路金玉码玛诸工三千余户于大都,立金玉局。至元十一年(1274年)陞诸路金玉人匠总管府。

一总管府的匠户就有三千多户,其他可想而知。每门中又分若干部,如木工:

木工之名则一,而其艺有大小,如营建宫室则大木之职也,若舟车以济不通,几案以适用,此皆小木之为也。故镟匠有局,缮工有司,民匠杂造之有府,岁为定制,以备用焉。①

---

① 《元经世大典·工典总叙》。

诸匠工除汉人、南人外，又遍取各国族之人以充之，如丝枲之工之有高丽诸工、西域诸工，漆匠之取于云南，兵器匠之取于西域旭烈木发里，妆塑绘画之取于尼波罗国。《经世大典·工典》诸匠条说：

> 国家初定中夏，制作有程。乃鸠天下之工，聚之京师，分类置局，以考其程度，而给之食，复其户，使得以专于其艺。故我朝诸工，制作精巧。咸胜往昔矣。①

工专其业，并且同一业的都聚于一地，或就出产的场所置局生产，用政府的威力和财力来统制一切工业部门，从上文所引可以想见当时的盛况。

匠户所得的待遇，是蠲免徭役，由政府维持其生活。以此往往有土豪地主自动投充匠户，以为避免徭役之计，元初王恽在他所上的《便民三十五事》中说：

> 各处富强之民，往往投充人匠，影占差役，以致靠损贫难户计。②

至元十七年（1280年）曾敕民避役窜名匠户者复为民。③可是到后来法度废弛，匠户被工官剥削，生活日趋困苦，如《元史·察罕传》所记：

---

① 苏天爵：《元文类》卷四十二。
② 《秋涧集》卷九。
③ 《元史·世祖纪》。

察罕从孙立智理威，大德十年（1306年）官湖广行省左丞。湖广岁织币上供，以省臣领工作。造使买丝他郡，多为奸利。工官又为刻剥，故匠户日贫，造币益恶。

匠户是另有户籍的。在初期富强之民要作弊窜名匠籍，到这时却好相反，舞弊的官吏有故意把民户列为匠籍，以为敲诈之计的。黄溍《茶陵州判官许君墓志铭记》有一例：

改赣州录事。纹锦局吏窜毁匠籍而牵连追呼滥及民伍。君白于郡，发架阁旧籍证之，其弊以绝。①

在工作时则有长（作头）管束，宋本《土狱》说：

京师小木局木工数百人，官什伍其人，置长分领之。②

词讼则不归有司，由政府特置官处理。《元史·百官志》记有：

管领随路人匠都提领所提领一员，大使一员。但受者橄掌工匠词讼之事。至元十二年（1275年）置。

匠户所有土地的纳税方法，也和民户不同。民户该纳丁税和地税，

---

① 《黄文献公集》卷八。
② 《元文类》卷四十一。

丁税少而地税多者纳地税,地税少而丁税多者,纳丁税。匠户因为已经"复户",取消了丁税,所以也和僧道一样。验地纳税不再计丁了。①

二

明沿元旧制,分户籍为三等,曰民户,曰军户,曰匠户。②匠户又分二等,曰住坐,曰轮班。③住坐者隶内府内官监,轮班者隶工部。④至军匠则大部分分属于卫所,一部分属于内府兵仗局。

明代匠户的鉴定,完全依据元代旧籍,不许私自变动,《大明会典》说:

洪武二年(1369年)令凡军民医匠阴阳诸色户,许各以原数抄籍为定,不许妄行变乱,违者治罪,仍从原籍。⑤

从此匠户的身份,便被固定,不但是本人,连后代的子孙的命运也被这一纸诏令所决定了。工人虽有文学亦不能预士流,官清要。除非是蒙特旨落去匠籍为民,例如永乐时之五墨匠陈宗渊:

文庙(明成祖)选中书舍人二十八人专习羲、献书,以黄文简公(淮)领之。一日上谓文简公曰:诸生习书如何?公对曰:日惟致勤耳。惟

---

① 《元史》,《食货志》,《税粮》。
② 《明史》,《食货志》,《户口》。
③ 《明史》,《赋役》。
④ 《大明会典》卷一百八十八,《工匠》一。
⑤ 《大明会典》卷十九,《户口》一。

今翰林有五墨匠陈宗渊者，亦日习书，而不敢侪诸人之列，但跪阶下临拓，颇逼真。上曰：卿尝持其所书来否？公因出诸袖中。上览之喜甚，目公曰：此何乡人？对曰：越陈刚中之后也。上闻刚中名，改容久之曰：自今当令此人与二十八人同习书。公曰：然尚在匠籍，又须如例与饮食给笔札。上从之。且令有司落其籍。宗渊遂得入士流。雅善山水，又能传神。习书未久，为中书舍人。历仕三朝，以刑部主事致仕云。[①]

此外则技艺绝伦的工人，特蒙皇帝赏识，亦有从工官超蹿到卿贰的。如永乐十五年（1417年）营建北京宫殿之木工蒯祥，以营缮所丞累官至工部左侍郎。同时蔡某亦以造宫殿授衔至尚宝司丞。[②]杨青以瓦工为都工，营建宫阙，官亦至工部左侍郎。[③]蔡信以营缮所正至工部侍郎。[④]宣德时（1426—1435）石匠陆祥官至工部左侍郎，嘉靖间（1522—1566）木工徐杲官至工部尚书。[⑤]蒯刚、郭文英俱以木工官至工部右侍郎。[⑥]

属于轮班的各地方匠户，每三年应到京师工作三月，给有勘合。

《大明会典》记：凡轮班人匠，洪武十九年（1386年）令籍诸工匠，

---

① 刘昌：《悬笥琐探》。
② 《苏州府志》。
③ 《松江府志》。
④ 《武进县志》。
⑤ 沈德符：《野获编》卷十九。
⑥ 王世贞：《弇山堂别集》卷十。

161

验其丁力,定以三年为班,更番赴京轮作三月,如期交代,名曰轮班匠,仍量地远近以为班次,置勘合给付之。至期赍至部听拨免其家他役。①

这制度据《明史》,系秦逵所定:

秦逵……洪武十八年进士……擢工部侍郎。时营缮事繁,部中缺尚书,凡兴作事,皆逵领之。初议籍四方工匠,验其丁力,定三年为班,更番赴京,三月交代,名曰轮班匠。未及行。至是逵议量地远近为班次,置籍为勘合付之,至期赍至部,免其家徭役,著为令。②

到洪武二十六年(1393年)政府举办大工程,各地工匠被征发到京师的达二十余万户。又规定被征匠户户役一人,更番工作之制,《明史·严震直传》:

洪武二十六年六月进工部尚书。时朝廷事营建,集天下工匠于京师凡二十余万户。震直请户役一人,书其姓名所业于官。有役则按籍更番召之。役者称便。③

和《明太祖实录》所记参证,原来这二十余万户的匠户是这年轮到被

---

① 《大明会典》卷一百八十九。
② 《明史》卷一百三十八,《薛祥传》。
③ 《明史》卷一百五十一。

征发的总数，政府只是照例征发，匠户也遵令到班，可是政府并未预先计画好这二十几万人的工作，以致匠户到京后，大部分无工可作，废时失业。政府才又规定这依工作需要规定应役工人数目的法令。《太祖实录》记：

> 洪武二十六年十月己亥，先是诸色工匠，岁率轮班至京受役，至有无工可役者，亦不敢失期不至。至是工部以为言。上乃令先分各色匠所业而验在京诸司役作之繁简，更定其班次，率三年或二年一轮，使赴工者各就其役，而无费日，罢工者得安家居。而无费业。①

上工以一季为满，凡给勘合二十三万二千八十九名。②这制度的颁布，似乎政府已给工人以休息的机会，可是仍未解决匠户的根本困难。因为匠户被征发到京的往返行费食粮均须自备，在人力和财力两方面说都极不经济。例如《明英宗实录》所说：

> 正统十二年（1447年）闰四月丙戌，福建福州府闽县知县陈敏政言：轮班诸匠正班虽止三月，然路程窎远者，往还动经三四余月。则是每应一班，须六七月方得宁家。其三年一班者常得二年休息，二年一班者亦得一年休息。惟一年一班者奔走道路，盘费罄竭。③

---

① 《明太祖实录》卷二百三十。
② 《大明会典》卷一百八十九；《明史·严震直传》。
③ 《明英宗实录》卷一百五十三。

163

因之逃亡相继。宣德元年（1426年）正月工匠逃亡的达五千余人。[①]到景泰元年（1450年）十二月逃匠的总数遂达三万四千余人。[②]政府处置逃匠的办法，一面用高压手段，设清理匠役官逮捕逃匠，勒令工作。《明英宗实录》记：

> 正统二年（1437年）二月己巳，行在工部奏：天下工匠蒙放遣休息者三千七百余人，俱刻期使自来赴工。今过期不至者二千九百余人，请令所司械送赴京。从之。[③]

同书又记：

> 三年（1438年）十二月甲戌，命各处有司逮逃匠四千二百五十五人。[④]

逮至逃匠皆带刑具罚工。[⑤]或罚充军匠。[⑥]其逃亡他处者，则令就地附籍当差。《大明会典》说：

> 正统元年（1436年）令山西、河南、山东、湖广、陕西、南北直隶、

---

① 《明宣宗实录》卷十三。
② 《明英宗实录》卷一百九十九。
③ 《明英宗实录》卷二十七。
④ 《明英宗实录》卷四十九。
⑤ 《明英宗实录》卷八十。
⑥ 《明英宗实录》卷二。

保定等府州县，造逃户周知文册，备开逃民乡里姓名男妇口数军民匠灶等籍，及遗下田地税粮若干，原籍有无人丁应承粮差。原系军匠者，仍作军匠附籍，该轮班匠则发遣一丁当匠。①

又令逃匠自首免罪，不首者发边卫充军。②一面又制定征银法，使匠户得以银代役。《大明会典》又记：

成化二十一年（1485年）奏准，轮班工匠有愿出银价者，每名每月南匠出银九钱免赴京，所司类赍勘合赴部批工。北匠出银六钱，到部随即批放。不愿者仍旧当班。③

弘治十八年（1505年）改为每班征银一两八钱，遇闰征银二两四钱。无力者每季连人匠勘合解部投当，上工满日批放。匠价尽行解部。从嘉靖四十一年（1562年）起，又改为通行征价，不许私行赴部投当，以旧规四年一班，每班征银一两八钱，分为四年，每名每年征银四钱五分。统计各省府班匠共十四万二千四百八十六名，每年征银六万四千一百十七两八钱。④从此以后，轮班匠便名存实亡，轮班匠户的义务并非工作而为征纳代工银了。李诩记江阴匠班银之弊说：

余邑有匠班银，匠户每名出银四钱二分（按应作四钱五分），此

---

① 《大明会典》卷十九。
② 《大明会典》卷十九。
③ 《大明会典》卷一八九。
④ 《大明会典》卷一八九。

定于国初,而户籍一成不变。(按此制定于弘治,修正于嘉靖,非国初所定)夫银以匠名,为其有利而课之也。今其子孙不为匠者多矣,犹可责其办者,承祖户而力亦胜也。中间有绝户,有逃户,则里甲赔贴,出于无辜。有零丁,有乞丐,每遇追并,必至于尽命。何无一人以通变之法,以闻于司牧者乎?①

所记虽多谬误,但其记逃户及绝户与无力者之追并情形,则可供参考。

住坐工匠属于内府内官监。永乐间(1403—1424)迁江浙工匠于北京,《大明会典》记:

宣德五年(1430年)令南京及浙江等处工匠起至北京者,附籍大兴、宛平二县,仍于工部食粮。②

这一批附籍的匠户经过几度的淘汰,到嘉靖十年(1531年)还存留了军民匠一万二千二百五十五名,分配在内廷的司礼监、尚衣监、御马监、印绶监、司设监、内承运库、供用库、织染局、针工局、银作局、兵仗局,和工部所属的营缮所、文思苑、织染所、皮作局、鞍辔局、宝源局、颜料局、军器局、楮本厂、大木厂、黑窑厂、琉璃厂以及兵部所属的盔甲厂和钦天监诸处工作。三十年后(1561年)又增加到一万八千多名。隆庆元年(1566年)又重定为一万五千八百八十四名。③

---

① 《戒庵漫笔》。
② 《大明会典》卷一八九。
③ 《大明会典》卷一八九。

住坐匠户都由"匠官"管理工作,由工部的清匠主事管理补役及注销。逃亡者在内由锦衣卫等衙门挨拿,在外由清军巡按御史行属清查问罪起解。每户正匠做工得免杂差,仍免一丁帮贴应役。其余丁每名每年出办工食银三钱,以备各衙门因公务取役雇觅之用。正匠每月工作十日,月粮由政府供给,其数量因军民及工作性质以为差别。①

民匠中除轮班和住坐两种匠户以外,还有一种匠户是存留在本地工作的。如山西《盂县志·任役门》所说:

凡工役皆隶于工部,役于京师,有住坐者,有轮班者,又有存留本府而执役于织染局者。

《永平府志》也说:

工在籍谓之匠。考额府属役曰银,曰铁,曰铸铁,曰锡,曰钉镀,曰穿甲,曰木,曰桶,曰砖,曰石,曰黑窑,曰毡,曰熟皮,曰染,曰乌墨,曰搭采,曰絮,曰双线,曰篦,曰冠服,曰镞,曰秤。有在京住坐,有遵化铁厂内轮班之长工,今罢。凡逃移者多。亦有种地户代当者,有为商贾者。

一府内的存留匠户,职业的分工竟到二十二类,由此可知各地存留匠户的数目一定很大。至于中央在各直省所设工局,以织染为最多。

---

① 《大明会典》卷一八九。

明有两京，京内和京外都置织染局，内局以应上供，外局以备公用。内局除上文已提及之内廷织染局外，南京有神帛堂，供应机房和织染局。外局如洪武时代（1368—1398）之四川、山西诸行省及浙江绍兴织染局，南京后湖织染局；永乐时代（1403—1424）之歙县织染局；陕西驼碣织染局；正统（1436—1449）时之泉州织造局；天顺（1454—1464）以后之苏、松、杭、嘉、湖等府织造局；嘉靖隆庆间之南京、苏、杭、陕西等处织造局；万历时（1573—1619）又增设浙江、福建、常、镇、徽、宁、扬、广德诸府州织造局，陕西羊绒局，南直浙江纻丝纱罗绫绸绢帛局，山西潞绸局。其次是烧造如临清苏州之砖厂，饶州景德镇之御用瓷器厂。①大概也都由存留当地的匠户就地工作。

军匠可分作两部分，一部分属于中央工部的军器局和内廷的兵仗局，明朝制度是把兵器的制造权集中，外地更不置局。这两局以制造火器为主，兼造其他刀牌弓箭枪弩狼筅蒺藜甲胄战袄等军用品。一部分属于各地卫所，称为杂造局。②军匠的户数，在内府工作的有六千户，《明史·蒋瑶传》说：

正德时（1560—1521）言：内府军器局（按应作兵仗局）军匠六千，中官监督者二人。今增至六十余人，人占军匠三十，他局称是，行伍安得不耗。③

---

① 《明史》，《食货志》六。
② 《明史》卷九十二，《兵志》。
③ 《明史》卷一百九十四。

在各卫所工作的有二万六千户。《明史·张本传》:

> 宣德初(1426—1435)工部侍郎蔡信乞征军匠家口隶锦衣卫。本言:军匠二万六千人,属二百四十五卫所,为匠者暂役其一丁。若尽取以来,家以三四丁计,则数近十万,军伍既缺,人情惊骇,不可。帝善本言。①

由上一例知内廷军匠多被中官占役,后一例知各卫军匠在宣德时曾被户征一丁到中央工作。

匠户的应役是以户为单位的,世世承袭,不许变动。同时也不许分户,《大明会典》说:

> 景泰二年(1451年)奏准,兄弟各爨者,查照各人户内,如果别无军匠等项役占规避室碍,自顾分户者听。如人丁数少,及有军匠等项役占室碍,仍照旧不许分居。②

《宜兴县志》也说"军匠例不分户"。这制度的用意是为防止"军匠逃亡事故"而设的。逃亡是指匠户离开著籍地贯,事故是指正匠死病老疾,照例都须勾其次丁或余丁补役。如果许其分户,则勾补无人,匠额即缺。可是结果这制度却意外地发生两种流弊,第一是军户和役

---

① 《明史》卷一百五十七。
② 《大明会典》卷二十。

户都借合户为名，逃避差徭；章潢在《图书编》中记：

嘉靖九年（1530年）十月内户部题该学士桂萼奏：臣考近来有工匠不许开户之例，盖为军匠逃亡事故而设。尔来军户有原不同户而求告合户者，有串令近军同姓之人投告而合户者，匠籍亦然。于是军匠有人及数千丁，地及数千顷，辄假例不分户为辞，于是里长甲首人丁事户不及军，匠人户百分之一。

若干户合为一户，则只须一丁应役，余户因户籍消灭而得逃避差役。接着自然发生第二种弊端，《驹阴琐记》*说：

今制军匠等户不分析，民间口之入籍者十漏六七。

户籍的户数和口数因之不能作精确的统计。从这一点上我们可以看出为什么弘治、万历时代的户口反少于洪武时代的理由的一方面。明代的户口统计如下表①，在每朝户数中都包括有军户三百多万，匠户二十余万：

年代	户数	口数
洪武二十六年 （1392年）	10652870	60545812

---

* 此处叙述疑有误，引文应来自《蓬窗日录》，卷三《户口》。——编者注
① 根据《万历会典》。参看梁方仲：《明代户口田地及田赋统计》第十七、二十及第二十一表。

年代	户数	口数
弘治四年（1491年）	9113446	53281158
万历六年（1578年）	10621436	60692856

在经元末二十年混战之后，人口死亡极多的明初户数有一千六十五万，可是经过一百年的休养生息，户数却减到九百十一万，再经过九十年的繁息，户数仍只一千六十二万，比开国时的统计还少。这原因除开我在《明代之农民》[①]《明代之军兵》[②]《明初卫所制度之崩溃》[③]数文中所指出军民逃亡情形以外，军户和匠户的合户也是最重要的因素之一。

从轮班匠通行以征银代工役以后，政府方面以银雇工无征发清理之繁，匠户方面从此也可就农耕，无废时失业之苦。两方面都感觉方便。在事实上则匠户已无工作之义务。和民户并无分别，同时匠户户籍之保留且和国家的徭役有碍，照理这历史上的名词早就可以取消了，可是正值明末内忧外患交逼，政府没有工夫来计及匠籍之存废。一直到清世祖入关以后，才下令废除匠籍，《顺治东华录》记：

顺治二年（1645年）五月庚子，免山东章丘、济阳二县京班匠价，

---

① 天津《益世极·史学》第十二、三期。
② 国立中央研究院社会科学研究所：《中国社会经济史集刊》第五卷第二期。
③ 南京《中央日报·史学》第三期。

并令各县俱除匠籍为民。

四百五六十年来的"匠户"制度,于此告一结束,名实都废,成为历史上的名辞。

民国廿七年六月十三日于云大

从幞头说起 *

  人们自从脱离了原始、野蛮状态，物质生活不断提高，有了文化以后，没有例外，都要穿衣戴帽，这是常识，用不着多说的。但是，应该而且必须注意，随着时代的改变，生活习惯的改变，封建等级制度的建立，人们的服装是具有时代的特征的，不同时代的人们有着不同的服装，不同的民族也有不同的服装，服装是适应人们生活、工作的需要而不断改变的。

  演出古代历史故事的话剧、电影，历史博物馆里的历史图画和历史人物画像，和以插图为主的历史连环画，附有插图的历史小丛书以及古代人物的塑像，等等，都牵涉到古代人物的服装问题，把时代界限混淆了，颠倒了，把不同历史时期的服装一般化了，都会使观众有不真实的感觉，效果是不会很好的。

  京戏和昆剧的戏装大体分成两类，一类是清朝的，马褂、补服、马蹄袖、红缨帽等等，表现了满族服装的特征。除此以外，清朝以前的服装则一概是汉人服装，官员戴纱帽，穿红、蓝袍，宽衣大袖；农民则一般都是穿短衣服，戴笠，或小帽；武将戴盔扎靠，这是符合于一般情况的。问题是这种服装把整个清朝以前的历史时期一般化了，

---

* 本文出自吴晗《学习集》，北京出版社 1963 年 2 月出版。——编者注

不管什么时代的人物，都穿一样的服装。当然，观众也能够理解，这两个剧种的古代服装只能一般化，假如要求他们按每个不同时代的历史，分别制成不同时代的服装，这是不可能的，不合实际的。但是，也还有一个界限，那便是满汉的服装不容混淆，假如让汉、唐、宋、明的人物穿上清朝的服装，那就会哄堂而散，唱不成戏。

话剧、电影等等对服装的要求就要比京戏和昆剧严格些，因为话剧、电影并不像京戏、昆剧那样有固定的服装，而是随故事需要特制的，既然是为了表现历史真实性而特制，那就不可以一般化，或者颠倒时代了。至于历史人物的图画、雕塑等等，根本无需制造服装的费用，标准自然更应该严格一些了。

话剧、电影、历史图画等等的历史人物的服装，必须能够表现某个特定历史时期的特征，这个要求是合理的，不应该有不同意见的。但是，在具体工作中，由于对某个时代的了解不够深，服装的发展、变化缺少研究，也往往出现一些一般化以至颠倒时代的现象。

有关服装的问题很多，不能都谈，这里只举幞头作例。

幞头就是帕头，古代汉人留着长头发，为着生活和工作的方便，用一块黑纱或帛、罗、缯等等裹住头，不让头发露在外面，正像现在河北农民用一块白毛巾包头一样，是上上下下都通行的一种生活习惯。也叫做巾或幅巾或折上巾的。裹头时裹得方方正正，四面有角。到南北朝时，周武帝为了便于打仗，把裹头的方法改进了，用皂纱全幅，向后束发，把纱的四角裁直，叫做幞头。看来有点像现在京戏里太平军的装束。

唐太宗制进德冠，赐给贵臣，并且说：幞头起于周武帝，是为了军中生活的方便。现在天下太平，用不着打仗了，这个帽子有古代风格，也有点像幞头，可以常用。可是进德冠似乎并不受欢迎，当时人还是用幞头，大臣马周还加以改革，用罗代绢，式样也有所改变，百官和庶民都喜欢戴它。武则天时赐给臣下巾子，叫作"武家样"，又有高头巾子。唐玄宗时有"内样巾子"。裴冕自制巾子，名为"仆射巾"。这些幞头都是软的，太监鱼朝恩作观军容使，嫌软的不方便，斫木作一山（架）子在前衬起，叫作军容头，一时人都学他的样子。

幞头四角有脚，两脚向前，两脚向后。唐朝中期以后，皇帝们弄两根铁线，把前两脚拉平，稍向上曲，成为硬脚，从此，这种样式的幞头，就成为皇帝的专用品，一般官员和平民都不许服用了。宋朝朱熹所见唐玄宗画像，戴的幞头两脚还很短，后来便越来越长了。唐朝末年，在农民大起义的斗争浪潮中，宦官、宫娥来不及每天对镜装裹，想出简便的法子，用薄木片作架子，纸绢作衬里，做成固定的幞头，随时可以戴上。五代时帝王多用"朝天幞头"，两脚上翘。各地方军阀称王称帝的也多自创格式，有的两脚翘上又反折于下，有的做成团扇、蕉叶模样，合抱于前。蜀孟昶改用漆纱。湖南马希范的幞头两脚左右长一丈多，叫作龙角。刘知远作军官时，幞头脚左右长一尺多，一字横直，不再上翘，以后的幞头，就以此为规格，变化不大了。

幞头唐末用木胎，到宋朝改用藤织草巾子为里，用纱蒙上，再涂以漆。后来把藤里去了，只用漆纱，用铁平施两脚，便越发轻便了。据沈括的记录，当时幞头分直脚、局脚、交脚、朝天、顺风五种，其中直脚（也叫平脚）一种是贵贱通用的。幞头的脚不管平、交，都是向前的，到北宋末年，又改而向后。到明朝初年，幞头有展脚（即平脚）、交脚两种，成为官员公服所必需的一项东西了。

幞头的出现，是由于现实生活的需要。宋儒胡寅叙述幞头的历史意义说：从周武帝开始用纱幞，成为后代巾、帻、朝冠的起源。古代宾礼、祭礼、丧礼、燕会、行军所戴的帽子各有不同，纱幞一出来，这些帽子便都废了。从用纱到加漆，两带上结，两带后垂，后来又把垂的两带左右横竖，顶则起后平前，变化越来越多了。朱熹也曾和他的学生讨论过幞头的历史发展，并说漆纱是宋仁宗时候开始的。明李时珍则以为幞头是朝服（官员的制服），周武帝始用漆纱制造，到唐朝改成纱帽，一直沿用到明朝。他把幞头和纱帽看成一样东西，从《图书集成》的插画幞头公服、展脚幞头、交脚幞头、乌纱帽对比看来，确是一个系统，李时珍的话是可信的。

幞头的历史发展，从北周到明这一长时间的历史时期，变化是很多的。假如不问青红皂白，颠倒前后，让南北朝以前，周秦两汉魏晋的人们戴上平脚幞头，能够不说是历史错误吗？或者把唐代后期帝王专用的直脚上翘的幞头，混淆为官僚庶民通用，那也是不可以的。

无论历史戏剧、图画、雕塑，当然，最主要的是内容要反映历史时期的真实性，但形式也不可以不讲究，因为内容尽管符合于客观历史实际，但是形式的表现却是虚构的、以后拟前的、一般化的、违背历史实际的，就会收到不好的效果，这一点我看戏剧家们、艺术家们、雕塑家们是必须注意的。

关于古代服装的记载是很多的，留传到今天的古代的人物画、壁画、墓葬壁画、砖画也很不少。组织人力，从事于古代服装发展、变化的研究，进一步建立服装博物馆，用穿着各个历史时期不同的服装的蜡人表演历史故事，对广大人民进行历史教育；为历史戏剧、历史电影、历史图画的创作提供参考资料，也为吸取古代优美的文化传统，改进、美化今天人民的服装，提供历史基础，我看是值得做的一件好事。

中古时代的水力利用
——碾、硙、碓

农家用以除去谷类外皮,和碾米麦成粉的工具,有硙,有碾,有碓。《方言》:"硙或谓之䃺",即磨也。《说文》:"磨,石硙也。"则硙和磨和䃺是一物异名。但据《世本》,公输般作磨硙之始,编竹附泥,破谷出米曰硙。凿石上下,合研米麦为粉曰磨,二物皆始于周。则硙是泥竹合制的,磨是石制的,功用相同,因制造原料不同而别称为硙,为磨。因之,《说文》说磨是石硙,反过来也可说石硙是磨,道理是一样的。《世本》又说硙因地异名,自山而东谓之硙是磨,江浙之间或曰砻,一直到现在,我的家乡,浙东还叫编竹附泥的磨制工具为砻,叫去谷皮为砻谷。

碾是比硙或磨规模更大的工具,据说始于后魏崔亮,《后魏书》说:"亮在雍州,读杜预传,见其为八磨,嘉其有济时用,因教民为碾(辗)。"其形制据《通俗文》:"今以粝石甃为圆槽,周或数丈,高逾二尺,中央作台,植以簨轴,上穿干木,贯以石䃺,有用前后二䃺相逐,前备撞木,不致相击,仍随带搅杷,畜力挽行,循槽转辗,日可毂米三十馀斛。"崔亮是北魏孝文帝、孝明帝朝的大臣,卒于正光二年(522年),则碾的发明,当是六世纪初年的事。

碓是从杵臼转化出来的工具,埋石臼于地,以巨木为杵,下设杠杆，以人为蹈杵舂米，比手舂省力，而且产量更多。《物原》说："轩辕臣雍文作碓"，和其他发明物的传说一样，是靠不住的。

砻、磨形积小，费用少，一般农家还能制备，至于碾、碓，规模大，投资多，就只有地主豪族才能设置了，进步的技术在不同的经济情况下，自然而然为地主豪族所包办、垄断。

到了技术更进步，应用水力作动力，造成水砻、水磨、水碾、水碓的时候，需要的资本更庞大，而且要截断水源，妨害了一般农田的灌溉，在这种场合，普通的豪族地主也不够能力，于是，新兴的进步的生产技术，又被更高级的帝王、公主、贵戚、大官和寺院所专利了。

《资治通鉴》卷七十八："景元四年（263年），司马昭辟任城魏舒为相国参军。初舒少时迟钝，不为乡亲所重。从叔父吏部郎衡有名当世，亦不知之，使守水碓。"注："为碓水侧，置轮碓后，以横木贯轮，横木之两头，复以木长二尺许，交午贯之，正直碓尾，木激水灌轮，轮转则交午木戛击碓尾木而自舂，不烦人力，谓之水碓。"这一条大概是历史上最早的最详尽的应用水力作动力的记录。魏衡是吏部郎，是当世知名之士，家有水碓，可见新技术一开始应用，便落在官僚手中。

和魏衡同时，豪族大官王戎、石崇竟以水碓作累积资本的手段，以此生利，《晋书·王戎传》："戎好兴利，广收八方园田，水碓周遍天下。"《石苞传》："苞子崇被害，有司簿阅崇，水碓三十余区，他田宅称是。"皇家的公主也不甘落后，遍设水碓，《刘颂传》说："颂迁京兆太守，转反内郡（280年），郡界多公主水碓，遏塞流水，转为侵害。颂表罢之，百姓获其便利。"这几个例子说明了官僚贵族剩余资本的出路。

王隐《晋书》："邓攸去石勒投李矩，借水碓舂于城东。"说明当时水碓兴设的普遍。用水力来使硙工作的，是杜预。《传畅晋诸公赞》说："杜预元凯作连机水硙，由此洛下谷价丰贱。"硙一作碾。《韵府》："机硙，水硙也。"庚信诗："决渠移水碓，开远扫平林。"水碓至于入诗，也可见那时代利用水力的盛况。

到四世纪初年，水碓已经成为社会经济里具有决定性的生产工具了，没有了它，就使米价昂贵，市场混乱。《晋书》四："太安二年（303年）十一月辛巳，张方决千金竭，水碓皆涸，乃发王公奴婢，手舂给兵廪，公私穷踧，米石万钱。"隔了四年才修复："永嘉元年（307年）九月，始修千金竭于许昌以通运。"二百年后，崔亮又仿杜预遗制，"奏于张方桥东，堰谷水，造硙磨数十区，其利十倍，国用便之"[①]。既然说是国用，可见政府也伸出了手来控制，成为官营了。

降及隋代，权贵如杨素，也经营此业，《独异志》说："杨素家富侈之极，都会之处，邸店碾硙，不知纪极。"寺院经营长生库，无尽藏（典当业），广收八方供养，资本无出路，也投资到水力来，《广弘明集》六："隋大业八年（612年）天子在辽。有王文同者，郊东王堡人也，夙与僧争水硙之利。"便是确证。

为什么有权有势的特殊人物，都对水力生产发生兴趣呢？答案是如《事物原始》所说："今之水碓，又利于蹈碓百倍。"生产技术的进步，使生产量提高，成为最有利的投资事业，一般人拿不出这一笔大资本，即使有，还得有权有势，才能设置。这样，这新事业就走上了为特殊阶层独占的道路。

---

① 《北史》卷四十四；《魏书》六十六作：造水碾磨数十区。

唐代的例子更多，如唐玄宗的宠奴高力士，"于京城西北，截澧水作碾，并转五轮，日破麦三百斛"[①]。《王方翼传》："再迁肃州刺史，乃出私钱作水硙，簿其赢以济饥瘵。"[②]升平公主陪嫁的脂粉硙两轮，郭子仪的私硙两轮[③]，长安附近的河渠都被阻遏截断，成为私人的企业了，下流的农田失去灌溉，影响农产收成，也侵蚀了国库的租赋收入，贵族官僚的利益和政府发生矛盾，于是政府在保护农民的大题目（其实是保证国库收入）下，和贵族官僚冲突了，结果是政府以政治的力量，压迫贵族官僚屈服，撤毁碾硙，也就是破坏前进的技术。第一次在721年，《唐会要》八十九：

开元九年正月，京兆少尹李元纮奏疏三辅诸渠，王公之家，沿渠立硙，以害水功，一旦毁之，百姓大获其利。至广德二年（764年）三月，户部侍郎李栖筠、刑部侍郎王翙、京兆少尹崔昭奏拆京城北白渠上王公寺观硙碾七十余所，以广水田之利，计岁收粳稻三百万石。

《旧唐书·李元纮传》：

累迁雍州司户，时太平公主与僧寺争碾硙，公主方承恩用事，百司皆希其旨意，元纮遂断还僧寺。窦怀贞为雍州长史，大惧太平势，促令元纮改断，元纮大署判后曰："南山或可改移，此判终无摇动"。

---

① 《旧唐书》卷一八四。
② 《新唐书》卷一一一。
③ 《旧唐书·郭子仪传》。

竟执正不挠，怀贞不能夺之……开元初……俄擢为京兆尹，寻有诏令元肱疏决三辅，诸王公权要之家，皆缘渠立硙，以害水田。元肱令吏人一切毁之，百姓大获其利。

第二次是764年，已见上文。第三次在778年，《唐会要》八十九："大历十三年正月四日奏，三白渠下碾有妨，合废拆，总四十四所，自今以后，如更置，即宜录奏。"《旧唐书》十一："大历十三年正月，坏白渠碾硙八十余所，以夺农溉田也。"这一次法令的执行，还经过一番曲折，《旧唐书·郭子仪传》（《新唐书·齐国昭懿公主传》）：

大历十三年，有诏毁除白渠水交流碾硙，以妨民溉田。升平有脂粉硙两轮，郭子仪私硙两轮，所司未敢毁撤。公主见代宗诉之。帝谓公主曰，吾行此诏，盖为苍生耳，尔岂不识我意耶？可为众率先，公主即日命毁，由是势门碾硙八十余所皆毁之。

到宋代也重申这妨碍农田的禁令，李焘《续资治通鉴长编》卷二四五：

熙宁六年（1073年）五月戊申，诏创水硙碾，有妨灌溉农田者，以违制论，不以去官赦降原减，官司容纵亦如之。

《续文献通考》：

金宣宗贞祐中（1214—1216），谕中书省，议弛诸处碾硙，以水灌溉民田。

在唐代，六十年中在同一地区拆毁碾硙三次，最后一次还是皇帝向公主求情才办通，由此可以看出贵族官僚独占的坚持、顽强的情况，也可以看出政府法令有效的地区性和时间性。这问题如上引的宋金史料看来，一直到十三世纪初年还无法解决。

这是一个贵族官僚资本控制、独占新的生产技术、方法，因而毁灭了（至少使它停滞）这生产技术方法的最具体的例子。

这个例子也解答了贵族官僚由贪污聚敛所累积的资本，投资于新兴生产事业所发生的破坏、摧毁，以致停滞生产，一句话，反生产的作用。

明代米价 *

刘辰《国初事迹》:"市俗以铜钱一十二文易米一升,一百二十文易米一斗,一千二百文易米一石。"叶盛《水东日记》卷十一《洪武四年闰三月王轸父家书》:"浙西米价极廉,白者十文一升,可见太平之时矣。"轸,德清人,其父家书全文见沈节甫《纪录汇编》。此洪武前期之米价也。《明太祖实录》卷一七六:"洪武十八年十二月己丑,命户部凡天下有司官禄米,以钞代给之:每钞二贯五百文代米一石。"则以钞价低落,故钞数较钱数为多也。《明史·食货志》:"洪武三十年定逋赋折色,银一两折米四石。"

《明英宗实录》卷五一:"正统四年二月甲戌,山东按察司佥事薛瑄奏云,山东每银一两买米五石。"(至六年用兵麓川,转运劳费,军前米一石至费银四两。卷七十六:"六年二月辛巳,麓川寇叛,道路险隘,挽运艰苦,米一石易银四两。")卷六一:"四年十一月乙巳,巡御宣府大同右佥都御史卢睿奏,山西上年拨送折粮银一十万两,每银一两准粮四石。今宣府米价腾踊,请每银一两准二石五斗。从之。"卷六三:"五年正月辛酉,行在翰林院修撰邵弘誉言,比年辽东边境丰稔,银一两买米六石至十石。"卷八二:"八年九月癸卯,南京守备丰城侯李贤、户部右侍郎张凤奏,南京米价腾踊。军民艰食,发锦衣等卫仓粮以济之,计粮八十万石,得银二十一万七千两,差官解京。"

---

* 节选自《明代之粮长及其他》一文,原载《云南大学学报》第一期,1938年。——编者注

仍合银一两米四石。此土木之变以前之米价也。

郎瑛《七修类稿》卷五："嘉靖乙巳（1545年）天下七荒八九，吾浙百物腾踊，米石一两五钱。时疫大行，饿莩横道。"

天启时吴中饥，守吏责饷急，米价突涨，叶绍袁《启祯记闻录》卷一："天启五年，是岁吴中饥荒，而国储告匮，责饷东南甚急。新漕院奉旨催粮甚峻，提责金坛管粮县丞三十板，立毙杖下，次及各县粮衙，俱欲提责，太尊寇慎亲下仓征比，吴中大为驿骚，米价顿加至每一石一两二钱，盖自此始，从前所未有也。小民甚以为骇，从渐习而安之矣。"

崇祯末年兵灾、天灾交至并作，米价遂成倍的上涨，《明史·左懋第传》："十四年督催漕运，道中驰疏言：'臣自静海抵临清，见人民饥死者三，疫死者三，为盗者四。米石银二十四两，人死取以食，惟圣明垂念。'……又言：'臣去冬抵宿迁，见督漕臣史可法言，山东米石二十两，而河南乃至百五十两'。"黄宗羲《吾悔集》卷四《熊公雨殷行状》："崇祯辛巳（十四年）江南荒疫，人死且半，米价（石）四两有余。"叶绍袁《启祯记闻录》卷二："崇祯十年……米价向来腾踊，冬粟每石一两二钱，白粟一两一钱，此荒岁之价，而吴民习为常矣……十三年，旧岁苏松皆有秋，今春二麦亦登，夏间禾稼盈畴，非荒岁也。只以邻郡水旱，客米不至，米价加至每石一两六钱，未几一两八钱，民心惶惶。……七月中冬粟加每石二两之外，真异事也。……崇祯十四年正月糙粟每石二两二钱，冬粟二两五钱。……是岁田禾，夏苦亢旱，至秋复蝗……大约所收不及十之三四，十月中糙米价至二两八钱，白粟三两之外，凡中人之家，皆艰于食，吴中向推饶丽，今则饿莩在途，豆谷糠秕，皆以为食，贫民皆面无人色。……十五年米值至每升九十文有零，人相食。"袁绍苏州人。

记大明通行宝钞 *

元末钞以无本滥发而废不能用，转而用钱，而钱之弊亦日甚，官使一百文民用八十文，或六十文，或四十文，吴越各不同，湖州嘉兴每贯仍旧百文，平江五十四文，杭州二十文，法不归一，民不便用。又钱质薄劣，易于损坏。（孔齐《至正直记》卷一）钞钱俱不能用，遂一退而为古代之物物交易。

明太祖初起，即于应天置宝源局铸钱，制凡数变。时乏铜鼓铸，有司责民纳私铸钱，毁器皿输官，民颇苦之。而商贾沿元旧习，便用钞，亦苦于钱之不便转运。钱法既绌，于是又转而承元之钞法，以为元代用钞百四十年，其制可因也。顾仅承其制度之表面而忽其本根：元钞法之通以有金银或丝为钞本，各路无钞本者不降新钞；以印造有定额，量全国课程收入之金银及倒换昏钞数为额，俭而不溢，故钞尝重；以有放有收，丁赋课程皆收钞，钞之用同于金银；以随时可兑换，钞换金银，金银换钞，以昏钞可倒换新钞；以钞与金银并行，虚实相权。且各地行用库之颁发钞本也，以行用库原有金银为本，新钞备人民之购取，金银则备人民之换折，故出入均有备，钞之信用借以维持。其坏也以无钞本；以滥发；以发而不收；以不能兑换；以昏钞不能倒

---

* 原载《人文科学学报》二卷一期，1943年。——编者注

换新钞。明太祖及其谋议诸臣生于元代钞法沮坏之世，数典忘祖，以为钞法固如是耳，于是无本无额有出无入之不兑现钞乃复现于明代。行用库之钞本成为无本之钞，不数年而法坏。又为剜肉补疮之计，禁金银，禁铜钱，立户口食盐钞法、课程赃罚输钞法、赎罪法、商税法、钞关法等法令，欲以重钞，而钞终于无用。

洪武七年（1374年）初置宝钞提举司，下设钞纸印钞二局，宝钞行用二库。（《明史》卷七二《职官志》）八年三月始诏中书省造大明宝钞，取桑穰为钞料，其制方高一尺，广六寸，质青色，外为龙文花栏，横题其额曰"大明通行宝钞"，其内上两旁复为篆文八字曰"大明宝钞，天下通行"。中图钱贯，十串为一贯，其下云"中书省奏准印造大明宝钞，与铜钱通行使用，伪造者斩，告捕者赏银二十五两，仍给犯人财产"。（《会典》中书省作户部，二十五两作二百五十两。）若五百文则书钞文为五串，余如其制而递减之。其等凡六，曰一贯、曰五百文、四百文、三百文、二百文、一百文。每钞一贯准钱千文，银一两；四贯准黄金一两。十三年废中书省，乃以造钞属户部，而改宝钞文中书省为户部，与旧钞兼行。二十二年（1389年）更造小钞，自十文至五十文。（《大明会典》卷三一《钞法》，《明史》卷八一《食货志·钱钞》）建文四年（1420年）十一月，户部尚书夏原吉言："宝钞提举司钞版岁久，篆文销乏，且皆洪武年号，明年改元永乐，宜并更之。"成祖曰："板岁久当易则易，不必改洪武为永乐，盖朕所遵用皆太祖成宪，虽永用洪武可也。"（《明成祖实录》卷一四）自是终明世皆用洪武年号云。

宝钞颁发时，即诏禁民间不得以金银物货交易，违者治罪，告发者就以其物给赏，若有以金银易钞者听。凡商税课钱钞兼收，钱十之三，钞十之七，一百文以下则止用铜钱（《大明会典》卷三一《钞法》）。钞昏烂者许就各地行用库纳工墨值易新钞。寻罢在外行用库。洪武十三年五月户部言："行用库收换昏钞之法，本以便民，然民多缘法为奸诈，每以堪用之钞，辄来易换者。自今钞虽破软而贯伯分明，非挑描剜补者，民间贸易及官收课程并听行使。果系贯伯昏烂，方许入库易换，工墨直则量收如旧。在京一季，在外半年送部，部官会同监察御史覆视，有伪妄欺弊者罪如律，仍追钞偿官。但在外行用库裁革已久，今宜复置。凡军民倒钞，令军分卫所，民分坊厢，轮日收换，乡民商旅各以户帖路引为验。"于是复置各地行用库。（《明太祖实录》卷一三一）七月罢宝钞提举司（同上书卷一三二）。十五年置户部宝钞广源库广惠库，入则广源掌之，出则广惠掌之。在外卫所军士月盐均给钞。各盐场给工本钞。（《明史》卷八一《食货志·钱钞》）十八年十二月命户部凡天下有司官禄米以钞代给之，每钞二贯五百文代米一石。（《明太祖实录》卷一七六）时钞值低落，二十三年十月太祖谕户部尚书赵勉曰："近闻两浙市民有以钞一贯折钱二百五十文者，此甚非便。尔等与工部议，凡两浙市肆之民，令其纳铜送京师铸钱，相兼行使，凡钞一贯准钱一千文，榜示天下知之。"（同上书卷二〇五）二十四年八月复命户部申明钞法。时民间凡钞昏烂者，商贾贸易率多高其值以折抑之，比于新钞增加至倍。又诸处税务河泊所每收商税课程，吏胥为奸利，皆取新钞，及至输库，辄易以昏烂者。由是钞法益滞不行，虽禁约屡申而弊害滋甚。太祖因谓户部臣曰："钞法之行，本以便民交易，虽或昏烂，然均为一贯，何得至于抑折不行，使民损赀失望。今当申明其禁，但字贯可验真伪，即通行无阻。且以钞之弊者，揭示于税务河泊所，令视之为法，有故阻者罪之。"（同上书卷二一一）二十五年设宝钞行用库于东市，凡三库，库给钞三万锭为钞本，倒收旧钞送内府。二十六年令：凡印造大明宝钞典历代铜钱相兼行使，每钞一贯准铜钱一千文。其宝钞提举司每岁于三月内兴工印造，十月内住工。其所造钞锭，本司具印信长单及关领勘合，将实进钞锭照数填写送内府库收贮，以备赏赐支用。其合用桑穰数目，本部每岁预为会计，行移浙江、山东、河南、北平及直隶、淮安等府出产去处，依例官给价钞收买。（《大明会典》卷三一《钞法》）二十七年八月诏禁用铜钱。时两浙之民重钱轻钞，多行折使，至有以钱百六十文折钞一贯者，福建、两广、江西诸处大率皆然。由是物价涌贵，而钞法益坏不行。于是令悉收其钱归官，依数换钞，敢有私自行使及埋藏毁弃铜钱者罪之。（《明太祖实录》卷二三四）并罢宝钞行用库（《大明会典》卷三一《钞法》）。三十年三月，以杭州诸郡商贾，不论货物贵贱，一以金银定价，由是钞法阻滞，公私病之，因禁民间毋以金银交易。（《明太祖实录》卷二五一）时法繁禁严，奸民因造伪钞以牟利，数起大狱，勾容杨馒头伪钞事觉，捕获到官，自京师至勾容九十里间，所枭之尸相望云。（《大诰·伪钞》第四八）

成祖即位后，复严金银交易之禁：犯者准奸恶论；有能首捕者，以所交易金银充赏；其两相交易而一人自首者免坐，赏与首捕同（《明成祖实录》卷一八永乐元年四月丙寅条）。二年（1404年）正月诏，自今有犯交易银两者，免死徙家兴州屯戍。（同上书卷二七）八月，都察院左都御使陈瑛言："比岁钞法不通，皆缘朝廷出钞太多，收敛无法，以致物重钞轻。今莫若暂行户口食盐之法，以天下通计，人民不下一千万户，官军不下二百万家，若是大口月食盐二斤，纳钞二贯，小口一斤，纳钞一贯，约以一户五口计，可收五千余万锭，行之数月，钞必可重。"户部会群臣会议,皆以为便。但大口令月食盐一斤,纳钞一贯,小口月食盐半斤,纳钞五百文,可以行久。从之。(同上书卷三三)五年(1407年)于京城设官库,令民以金银倒换官钞,在外则于州县倒换。令各处税粮课程赃罚俱准折收钞,米每石三十贯,小麦豆每石二十五贯,大麦每石一十五贯,青稞荞麦每石一十贯,丝每斤四十贯,棉每斤二十五贯,大绢每匹五十贯,小绢每匹三十贯,小苎布每匹二十贯,大苎布每匹二十五贯,大棉布每匹三十贯,小棉布每匹二十五贯,金每两四百贯,银每两八十贯,茶每斤一贯,盐每大引一百贯,芦柴每束三贯,其有该载不尽之物,但照彼中时价折收。(《大明会典》卷三一《钞法》)准之洪武初颁钞时之物价,盖不啻贬值百倍矣。七年设北京宝钞提举司,十七年四月又申严交易金银之禁。(同上)十九年三殿灾,求直言,邹缉上疏言时政,谓"民间至伐桑枣以供薪,剥桑皮以为楮,加之官吏横征,日甚一日,如前岁买办颜料,本非土产,动科千百,民相率敛钞购之他所,大青一斤价至万六千贯"。(《明史》卷一六四《邹缉传》)二十年又令盐官许军民人等纳旧钞支盐,发南京抽分场积薪龙江提举司竹木鬻之军民收其钞,应天岁办芦柴征钞十之八。(同上书卷八一《食货志·钱钞》)九月成祖谕户部都察院臣曰:"昔太祖时钞法流通,故物贱钞贵,交易甚便。今市井交易,惟用新钞,稍昏软辄不用,致物价腾踊,其榜谕之。如仍踵前弊,坐以大辟,家仍罚钞徙边。如有倚法强市人物,亦治罪不宥。"(《明成祖实录》卷一二四)先是成祖在北京,或奏南京钞法为豪民沮坏,遣邝埜廉视,众谓将起大狱,埜执一二市豪归奏曰:"市人闻令震惧,钞法通矣。"事遂已。(《明史》卷一六七《邝埜传》)然钞法实未尝通也。

仁宗监国，诏令笞杖定等输钞赎罪。（《明仁宗实录》永乐二十二年十月癸卯）及即位，以钞不行，询户部尚书夏原吉，原吉言："钞多则轻，少则重。民间钞不行，缘散多敛少，宜为法敛之。请市肆门摊诸税度量轻重加其课程。钞入官，官取昏软者悉毁之。自今官钞宜少出，民间得钞难，则自然重矣。"乃下令曰："所增门摊课程，钞法通即复旧，金银布帛交易者亦暂禁止。"（《明史》卷八一《食货志·钱钞》）永乐二十二年十月革两京户部行用库。（同上书卷八《仁宗纪》）洪熙元年议改钞法，夏时力言其扰市肆，无裨国用。疏留中。钞果大沮，民多犯禁。议竟寝。（同上书卷一六一《夏时传》）宣宗即位，兴州左屯卫军士范济年八十余矣，诣阙言：元因唐飞钱、宋会子交子之旧，"造中统交钞，以丝为本，银五十两，易丝钞一百两。后又造中统钞，一贯同交钞一两，二贯同白金一两。久而物重钞轻，公私俱弊。更造至元钞颁行天下，中统钞通行如故，率至元钞一贯当中统钞五贯，子母相权，官民通用，务在新者无冗，旧者无废。又令民间以昏钞赴平准库倒换，商贾欲图轻便，以中统钞五贯赴库换至元钞一贯。又其法日造万锭，计官吏俸给，内府供用，诸王岁赐出支若干，天下日收税课若干，各银场窑冶日该课程若干，计民间所存贮者万无百焉，以此愈久，新旧行之无厌，由计虑之得其宜也。自辛卯（1351年）兵起，天下瓜分，藩镇各据疆土，农事尽废，而楮币无所施矣。……我国家混一天下，物阜民安，……太祖皇帝命大臣权天下财物之轻重，造大明通行宝钞，一贯准银一两，民欢趋之，华夷诸国，莫不奉行，迄今五十余年，其法少弊，亦由物重钞轻所致。……伏祈陛下断自宸衷，谋之勋旧，询之大臣，重造宝钞，一准洪武初制，务使新旧兼行。取元日所造之数而损益之，审国家之用而经度之。每季印造几何，内府供用几何，给赐几何，天下课税日收几何，官吏俸给几何，以此出入之数，每加较量，用之不奢，取之适宜，俾钞罕而物广，钞重而物轻，则钞法流通，永永无弊。又其要在严伪造之条，凡伪造者必坐及亲邻里甲。又必开倒钞库，专收昏烂不堪行使之钞，辨其真伪，每贯取工墨五分，随解各干上司。又或一季或一月，在内都察院五府户部刑部委官，在外巡按监察御史三司官府县官，公同以不堪之钞烧毁，实为官民两便"。（《明宣宗实录》卷五，《明史》卷一六四《范济传》）时不能用，民卒轻钞。至宣德初（1426年）米一石用钞五十贯，乃弛布帛米麦交易之禁。府县卫所仓粮积至十五年以上者盐粮悉收钞，秋粮亦折钞三分。（《明史》卷八一《食货志·钱钞》）又严钞法之禁，时行在户部奏："比者民间交易，惟用金银，钞滞不行，请严禁约。"因命行在都察院揭榜禁之，凡以金银交易及藏匿货物、高抬价值者，皆罚钞。（《明宣宗实录》卷一九）凡官员军民人等赦后赃罚亏欠，俱令纳钞，金每两八千贯，银二千贯，犯笞刑罪每二十赎钞一千贯。（同上书卷二二）三年六月诏停造新钞，已造完者悉收库不许放支，其在库旧钞委官选拣堪用者备赏赉，不堪者烧毁。立阻滞钞法罪，有不用钞一贯者，罚纳千贯，亲邻里老旗甲知情不首，依犯者一贯罚百贯。其关闭店铺潜自贸易及抬高物价之人，罚钞万贯。知情不首罚千贯。（同上书卷四三）十一月复申用银之禁，凡交易银一钱者，买者卖者皆罚钞一千贯，一两者罚钞一万贯，仍各追免罪钞一万贯（同上书卷四八）。四年正月行在户部以钞法不通，皆由客商积货不税，市肆鬻卖者沮挠所致，奏请依洪武中增税事例，凡顺天、应天、苏、松、镇江、淮安、常州、扬州、仪真、杭州、嘉兴、湖州、福州、建宁、武昌、荆州、南昌、吉安、临江、清江、广州、开封、济南、济宁、德州、临清、桂林、太原、平阳、蒲州、成都、重庆、泸州共三十三府州县，商贾所集之处，市镇店肆门摊税课增旧五倍，俟钞法通悉复旧。（同上书卷五〇）时巨富商民并权贵之家，率以昏烂之钞中盐，一人动计千引，及支盐发卖，专要金银，钞法由是愈滞。（同上书卷五五）六月立塌坊等项纳钞例：一、南北二京公侯驸马伯都督尚书侍郎都御史及内官内使与凡官员军民有蔬菜果园，不分官给私置，但种蔬果货卖者，量其地亩棵株，蔬地每亩月纳旧钞三百贯，果每十株岁纳钞一百贯。其塌坊车房店舍停塌客商货物者，每间月纳钞五百贯。一、驴骡车受雇装载物货，或出或入，每辆纳钞二百贯，委监察御史、锦衣卫、兵马司各一员于各城门外巡督监收。一、船只受雇装载，计其载料之多少，路之远近，自南京至淮安，淮安至徐州，徐州至济宁，济宁至临清，临清至通州，俱每一百料纳钞一百贯。其北京直抵南京，南京直抵北京者，每百料纳钞五百贯。委廉干御史及户部官于沿河人烟辏集处监收。（《明宣宗实录》卷五五）钞关之设自此始。六年二月以江西各府县征纳户口食盐钞，有司但依黄册所编丁口征收，有死亡无从征者，有老疾贫难及居深山穷谷无钞纳者，有将男女典雇易钞者，小民无所告诉。诏令有司开除亡故老疾及山谷之民，止令城中墟镇及商贾之家纳钞。（同上书卷七六）七年三月诏湖广、广西、浙江商税鱼课办纳银两者，自宣德七年为始，皆折收钞，每银一两纳钞一百贯。（同上书卷八八）

宣德十年正月，英宗即位大赦诏：各处诸色课程旧折收金银者，今后均照例收钞。（《明英宗实录》卷一）十二月广西梧州府知府李本奏："律载宝钞与铜钱相兼行使。今广西、广东交易用铜钱，即问违禁，民多不便。乞照律条，听其相兼行使。"从之。（同上书卷一二）正统元年，三月，少保兼户部尚书黄福言："宝钞本与铜钱兼使，洪武间银一两当钞三五贯，今银一两当钞千余贯，钞法之坏，莫甚于此。宜量出官银，差官于南北二京各司府州人烟辏集处，照彼时值倒换旧钞，年终解京，俟旧钞既少，然后量出新钞换银解京。"（同上书卷一五）时钞一贯仅值银一厘，较国初已贬值千倍，福议以银换钞，紧缩旧钞之流通额，提高钞之信用，实救时惟一良法，顾朝廷重于出银，竟不能用也。会副都御史周铨、江西巡抚赵新请于不通舟楫地方，田赋折收金银，户部尚书黄福、胡濙共主之，于是定制米麦一石折银二钱五分。南畿浙江、江西、湖广、福建、广东、广西米麦共四百余万石，折银百余万两入内承运库，谓之金花银，其后概行于天下。（《明史》卷七八《食货志·赋役》）遂减诸纳钞者，而以米银钱当钞。弛用银之禁，朝野率皆用银，其小者乃用钱，惟折官俸用钞。钞壅不行。（同上书卷八一《食货志·钱钞》）四年六月以民纳盐钞而盐课司十年五年无盐支给，诏减半收钞以苏民力。塌房及车辆亦减半征收。（《明英宗实录》卷五四）五年十一月刑部都察院大理寺议："洪武初年定律之时，钞贵物贱，所以枉法赃至一百二十贯者免绞充军。即今钞贱物贵，今后文职官吏人等受枉法赃比律该绞者，有禄人估钞八百贯之上，无禄人估钞一千二百贯之上，俱发北方边卫充军。其受赃不及前数者，照见行例发落。"从之。（《明英宗实录》卷七二）七年六月，诏灾伤处人民愿折钞者，每石折钞一百贯解京交纳。（同上书卷九三）八年七月敕免各城门军民人等驴驮柴米等物出入者钞贯（同上书卷一〇六）。十三年五月免在京菜户纳钞。仍戒今后有沮滞钞法者，令有司于所犯人每贯追一万贯入官，全家发戍边远。（同上书卷一六六）仍禁使铜钱。时钞既不行，而市廛仍以铜钱交易，每钞

193

一贯折铜钱二文。因出榜禁约，令锦衣卫五城兵马司巡视，有以铜钱交易者，擒治其罪，十倍罚之。（同上）

　　景帝景泰三年（1452年）六月，命在京文武官吏俸钞俱准时值给银，每五百贯给一两，以钞法不通，故欲少出以为贵之也（同上书卷二一七）。天顺中弛用钱之禁。宪宗令内外课程钱钞兼收，官俸军饷亦兼支钱钞。是时钞一贯不能值钱一文，而计钞征之民，则每贯征银二分五厘，民以大困。孝宗弘治元年（1488年）京城税课司，顺天、山东、河南、户口食盐俱收钞，各钞关俱钱钞兼收。（《明史》卷八一《食货志·钱钞》）弘治六年各关钱钞折银，钱七文折银一分，钞一贯折银三厘。（《大明会典》卷三五《钞关》）自后率沿以为例，钞惟用于官府，以给俸饷，得者全无所用，民间亦视如废纸，盖名存实亡，徒以祖制仍存其名义而已。（陆容《菽园杂记》卷一〇，《明史》卷八一《食货志·钱钞》）计太祖时赐钞千贯则为银千两，金二百五十两，永乐中千贯犹作银十二两，金二两五钱。及弘治时赐钞千贯，仅银三两余矣。于是上议者，请"仿古三币之法，以银为上币，钞为中币，钱为下币，以中下二币为公私通用之具，而一准上币以权之焉。盖自国初以来有银禁，恐其或阁钞钱也。而钱之用不出于闽广。宣德以来，钱始行于西北。自天顺以来，钞之用益微，必欲如宝钞属锒之行，一贯准钱一千，银一两，复初制之旧，非用严刑不可也。然严刑亦非盛世所宜有。今日制用之法，莫若以银与钱钞相权而行，每银一分易钱十文，新钞每贯亦十文，四角完全未甚折者每贯五文，中折者三文，昏烂而有一贯字者一文，通诏天下，以为定制。而严立擅自加减之罪，虽物生有丰敛，货殖有贵贱，而银与钱钞交易之数一定而永不可易矣"。孝宗不听。正德中，以内库钞匮乏，无以给赐，复令天下钞关征解本色。(傅维鳞《明书》卷八一《食货志·钞法》)十年(1515年)钱宁私遣使至浙鬻钞三万块,每块勒索银三两(钞一块千贯),已敛银二万四千两,有司征价,急于星火,输银之吏,络绎于途。时宁方贵幸用事,以废纸摊索民间现银,地方不敢抗。于是左布政使方良永上疏极论之曰:"四方盗甫息,疮痍未瘳,浙东西雨雹。宁厮养贱流,假义子名,跻公侯之列,赐予无算,纳贿不赀,乃敢攫取民财,戕邦本,有司奉行,急于诏旨,胥吏缘为奸,椎肤剥髓,民不堪命。镇守太监王堂、刘璟畏宁威,受役使。臣何敢爱一死,不以闻。乞陛下下宁诏狱,明正典刑,并治其党以谢百姓。"宁惧,留疏不下,谋遣校尉捕假势鬻钞者以自饰于帝,而请以钞直还之民,阴召还前所遣使。宁初欲散钞遍天下,先行之浙江、山东,山东为巡抚赵璜所格,而良永白发其奸,宁自是不敢鬻钞矣。(《明史》卷二〇一《方良永传》,《明臣奏议》卷一四《方良永劾朱宁书》)世宗嘉靖初,御史魏有本上言:"国初关税全征钞贯,嗣后改令钱钞兼收。迩年以来,钞法不通,钱法亦弊,而关税仍收钱钞,无益于国,有损于民。以收钞言之,每钞一张为一贯,每千张为一块,时价每块值银八钱,官价每块准银三两,是官以三两之银,反易八钱之钞,此则上损国用。以收钱言之,各处低钱盛行,好钱难得,官价银一钱,值好钱七十文,时价每银一钱,易好钱不过三十文,是小民费银二钱以上,充一钱之数,此则下损民财。每银约一万两内,五千收钞,该钞将二千块,计用大柜五百方。又五千两收钱,该钱四千串,用柜四百方。而水陆脚价进纳,犹难计议。"疏入,命钱钞留各地方,而内库用银,则钱钞皆不入矣。(《明书》卷八一《食货志·钞法》)嘉靖四年(1525年)复令宣课分司收税,钞一贯折银三厘,钱七文折银一分。是时钞久不行,钱亦大壅，益专用银矣。（《明史》卷八一《食货志·钱钞》）天启时（1621—1627）给事中惠世扬复请造钞行用。（同上书卷八一《食货志·钱钞》）思宗崇祯八年四月，给事中何楷亦以为请（《崇祯长编》）。十六年六月召见桐城诸生蒋臣于中左门，臣言钞法申世扬说，其言曰："经费之条，银钱钞三分用之，纳钱银买钞者，以九钱七分为一金，民间不用以违法论。岁造三千万贯，一贯价一两，岁可得银三千万两，不出五年，天下之金钱尽归内帑矣。"给事中马嘉植疏争之，不听。擢臣为户部司务，侍郎王鳌永、尚书倪元璐力主之。条议有十便十妙之说：一、造之之费省；二、行之之途广；三、赍之也轻；四、藏之也简；五、无成色之好丑；六、无称兑之轻重；七、革银匠之奸偷；八、杜盗贼之窥伺；九、钱不用而用钞，其铜可铸军器；十、钞法大行，民间货买可不用银，银不用而专用钞，天下之银竟可尽实内帑。帝大喜，特设内宝钞局，即刻造钞，立发仪制司所藏乡会中式朱墨二卷，与直省优劣科岁试卷，为钞质之资本；押工部收领，限日搭厂，拨官选匠计工。如有阻其事者，法同十恶。辅臣蒋德璟言："百姓虽愚，谁肯以一金买一纸。"帝不听。昼夜督造，募商发卖，无一人应者。又因局官言，取桑穰二百万斤于畿辅、山东、河南、浙江，德璟力争，帝留其揭不下。工部查二祖时典故，造钞工料纸六皮四，皮者桦皮也，产于辽东。有纸无皮，无从起工。乃令工部召商，工部仍以库洗为辞。正拟议间，得"流寇"渡河息，事遂已。次年而北都墟，明社覆。（《明史》卷二五一《蒋德璟传》，计六奇《明季北略》卷一九《蒋臣奏行钞法、捣钱造钞》，花村看行侍者《谈往·捣钱造钞》）

与钞法有关者，除户口食盐钞关商税以外，较重要者尚有俸给及赎法二事。明代官员俸给，按正从品级分别规定，自正一品岁俸米一千四十四石至从九品六十石有差。俸给有本色折色，本色给米，折色则有银布胡椒苏木之类。洪武十三年（1380年）定内外文武官岁给禄米俸钞之制。（《明史》卷八二《食货志·俸饷》）永乐元年（1403年）令在京文武官一品二品四分支米，六分支钞；三品四品米钞中半兼支；五品六品六分米，四分钞；七品八品八分米二分钞。每米一石折钞十贯。宣德八年定每俸米一石折钞十五贯，折俸布一匹折钞二百贯，嘉靖七年改定为折银三钱。如正一品岁该俸一千四十四石，内本色俸三百三十一石二斗，折色俸七百一十二石八斗。本色俸内除支米一十二石外，折银俸二百六十六石，折绢俸五十三石二斗，共该银二百四两八钱二分。折色俸内折布俸三百五十六石四斗，该银一十两六钱九分二厘，折钞俸三百五十六石四斗，该本色钞七千一百二十八贯。总计正一品官岁得俸给全额为米一十二石，银二百十五两五钱一分二厘，钞七千一百二十八贯。正七品官岁该俸九十石，内本色俸五十四石，折色俸三十六石。本色俸内除支米一十二石外，折银俸三十五石，折绢俸七石，共该银二十六两九钱五分。折色俸内折布俸一十八石，该银五钱四分，折钞俸一十八石，该本色钞三百六十贯。总计正七品官岁得俸给全额为米一十二石，银二十七两四钱九分，钞三百六十贯。在外文武官俸，洪武二十六年定每米一石折钞二贯五百文，宣德八年（1433年）增为十五贯，正统六年（1441年）又增为二十五贯（《大明会典》卷三九《俸给》），成化七年（1471年）从户部尚书杨鼎请，以甲字库所积之棉布，以时估计之，阔白布一匹可准钞二百贯，请以布折米，仍视折钞例，每十贯一石。先是折俸钞米一石钞二十五贯，渐减至十贯，是时钞法不行，钞一贯值二三钱，是米一石仅值钱二三十文，至是又折以布，布一匹时估不过二三百钱，而折米二十石，则是米一石仅值十四五钱也。自古百官俸禄之薄，未有如此者，后遂为常例。（《明宪宗实录》成化七年十月丁丑条，《日知录》卷一二《俸禄》条引《明史》卷八二《食货志·俸饷》）

赎罪之法以纳钞为本。永乐十一年令死罪情轻者斩罪赎钞八千贯，绞罪及榜例死罪六千贯，流徒杖笞纳钞有差。宣德二年（1427年）定笞杖罪囚每十赎钞二十贯，徒流罪名每徒一等折杖二十，三流并折杖一百四十，其所罚钞悉如笞杖所定。景泰元年增为二百贯，每十以二百贯递加，至笞五十为千贯；杖六十千八百贯，每十以三百贯递加，至杖百为三千贯。天顺五年（1461年）令罪囚纳钞，每笞十钞二百贯，余四笞递加百五十贯；至杖六十增为千四百五十贯，余杖各递加二百贯。弘治十四年（1501年）定折收银钱之制，每杖百应钞二千二百五十贯，折银一两，每十以二百贯递减，至杖六十为银六钱；笞五十应减为钞八百贯，折银五钱，每十以百五十贯递减，至笞二十为银二钱，笞十为钞二百贯，折银一钱。正德二年（1507年）定钱钞兼收之制，如杖一百应钞二千二百五十贯者，收钞千一百二十五贯，钱三百五十文。嘉靖七年（1528年）更定凡收赎者每钞一贯折银一分二厘五毫，如笞一十赎钞六百文，则折银七厘五毫，以罪重轻递加折收赎。此有明一代赎罪钞法之大概也。然罪无一定，而钞法则日久日轻，赎罪钞数因亦随之递增，至弘治而钞竟不可用，遂开准钞折银之例，赎法步钞法之变而变，终则实纳银而犹存折钞之名，则以祖制不敢废也。（《明史》卷九三《刑法志·赎刑》）

元承金制，铸银五十两为一锭。元钞从银，故亦以五十贯或五十两为一锭，钞二锭值银一锭，钞二贯或二两值银一两（详《元代之钞法》六《释锭》）。明钞则以钱相权，钞一贯值钱千文，银一两，四贯为金一两。钱五贯或五千文为一锭。《明史·食货志》云，嘉靖三十二年（1553年）铸洪武至正德九号钱，每号百万锭，嘉靖钱千万锭，一锭五千文。万历五年（1577年）张居正疏言："工部题议制钱二万锭，该钱一万万文。"（《张文忠公集》奏疏八《请停止输钱内库供赏疏》）天启时户部尚书侯恂言："收钱每五千文为一锭。"（孙承泽《春明梦余录》卷三八）以明代后期之史实推之，则明初之钱锭亦必为五千文可决也。因之钞亦以五贯为一锭。王世贞曰："钞一锭为五贯，贯直白金一两。"（《弇山堂别集》卷一四）顾炎武记漳州府田赋亦云"钞五贯为一锭"，可证也。（《天下郡国利病书》卷九三）钞锭之上为块，每钞一张为一贯，每千张即千贯为一块，见嘉靖初御史魏有本《论钞法疏》，详前文。

一九四三年四月十九日于昆明瑞云巷三号

第五编

以人为镜：从古人身上感悟成败得失

《敕勒歌》歌唱者家族的命运 *

《敕勒歌》是歌唱我国北部朔漠风光的绝唱，歌词是这样的：

敕勒川，阴山下，天似穹庐，笼盖四野。天苍苍，野茫茫，风吹草低见牛羊。

原歌是用鲜卑语唱的，记录时译为汉字，歌唱人是敕勒部名将斛律金。

斛律金（488—567）生性质直，不识汉字。原名敦，官做大了，要用汉字签署文件，嫌敦字难写，才改名为金。可是写金字也还是有困难，同事司马子如教他，金字像个房子，照房子那样画就行了，才学会了写这个字。

斛律金擅长骑射，善于用兵，具有丰富的军事经验。他一看尘土，就能知道敌军骑兵、步兵多少，一嗅土地，就可判断敌军距离远近。北魏封为第二领民酋长，秋天到京师朝见，春天回到部落，号为雁臣。后来跟随鲜卑化的汉人军事首领高欢打仗，立下很多战功。公元535年，北魏分为东、西魏。537年西魏宇文泰率李弼等十二将攻东魏，

---

* 原载《人民文学》第 9 期，1962 年。——编者注

东魏高欢将兵二十万迎击，渡黄河，涉洛水，两军会战于沙苑。西魏兵少，东魏兵争先进击，无复行列，西魏李弼等率铁骑拦腰截击，东魏兵中绝为二，全军崩溃。高欢还想收兵再战，派人拿兵簿到各营点兵，无人答应，回来报告说：部队都跑了，兵营全空了！高欢还不肯走，斛律金说："军心离散，不能再打了，得赶紧撤到河东！"高欢还据鞍不动，斛律金就用马鞭赶马，这才撤退。达一仗丧失了八万甲士，要不是斛律金坚决主张撤退，几乎全军覆没。

东魏武定四年（546年）九月，高欢率大军进围西魏重镇玉璧（今山西稷山县西南），西魏名将韦孝宽坚守不下。高欢用尽一切攻城之术：断水源，起土山，凿地道，用攻车，烧城楼。孝宽随机防御，东魏苦攻了五十天，士卒战死和病死的七万人，高欢弄得智力交困，气得生病，只好解围撤兵。回师后军队中讹传韦孝宽以定功弩射中高欢。西魏知道了，也趁机会造谣，发布命令说："劲弩一发，凶身自殒。"东魏军心越发不安，高欢只好勉强起来，和诸大臣将领见面，叫斛律金唱《敕勒歌》，这个须发斑白的老将军，用苍劲高昂的音调，唱出这首质朴、自然、优美的歌词。唱完了，所有的人都被这首歌的情调迷住了，不出一声。高欢也用鲜卑话和唱了一遍，哀感流涕。

武定五年（547年）正月高欢病死。临死前吩咐儿子高澄：敕勒老公斛律金生性遒直，可以依靠。你所用的汉人很多，有说这老公坏话的，千万不要相信。七年（549年）八月，高澄正准备作皇帝，在密室议事时被俘虏的奴隶刺杀，弟高洋继位，550年废了东魏皇帝，自立为帝，国号为齐。557年西魏宇文觉也废了西魏皇帝，自立为帝，国号周。

高洋篡魏称帝，他母亲很不赞成。高洋派人征求斛律金的意见，斛律金亲自来见高洋，竭力反对。高洋不顾一切，还是作了皇帝，封斛律金为咸阳郡王，以功升右丞相，迁左丞相。高洋晚年昏暴，任意杀人，有一次忽然骑着马，手执长矟，三次奔向斛律金，要刺杀他，斛律金挺立不动，高洋只好作罢。567年斛律金死，年八十。

斛律金有两个儿子，长子光，字明月，次子羨，字丰乐，都是当时名将。两人从小就跟父亲学习骑射，每次出去打猎，回来后斛律金检查猎得鸟兽，小儿子猎得的多，却总是挨打，大儿子猎得虽少，却被夸奖。旁人看了不懂，就问为什么这样不公平？斛律金说：明月猎得虽少，他射的鸟总是背上中箭，丰乐不然，是随处下手的，猎得虽多，不如他哥哥远矣。有一次叫子孙一起练习射箭，看完以后，斛律金禁不住哭了，说：明月、丰乐用弓不如我，诸孙又不如明月、丰乐，我这一家一代不如一代，看来要衰落了。斛律光有一回跟皇帝打猎，天上有大鸟飞扬，斛律光引弓一射，正中其颈，大鸟盘旋落地，形如车轮，细看原来是个大雕，当时称为落雕都督。

斛律光（515—572）长得马面彪身，不多说话，也不轻易发笑，以军功积官到大将军，父死袭爵咸阳郡王，拜左丞相。在东魏和西魏，北齐和北周的战争中，他多次领兵作战，军营未定，不入幕帐休息，有时整天不坐，不脱盔甲，打起仗来，总是在前敌指挥。士卒有罪，只用杖挞背，从不乱杀人，以此士卒都乐意服从指挥，勇敢作战。他从青年时代参加军队，从未打过败仗，深为北周将士所畏惮。居家严肃，虽然官位很高，门第极盛，一家里一个女儿作了皇后，两个女儿作了太子妃，娶了三个公主，子弟都封侯作将军，却生性节俭，不营财利，杜绝贿赂，门无宾客。平时很少和朝士交谈，也不肯干预政事。有会议时，总是最后发言，讲的都有道理。570年周军围洛阳，斛律光率步骑三万大破周军。第二年又大破周韦孝宽军于汾水，得了四个周军要塞。凯旋回邺城，大军还在路上，齐帝高纬便下令把军队解散，斛律光认为军队刚打了胜仗，还没有慰劳赏赐就散了，很不好，写了报告，请求仍让军队回京，一面整队前进，驻营近郊待命。高纬知道大军已到郊外，心里很疑忌，派人召见了斛律光，同时遣使慰劳，解散军队。这样，斛律光就触犯了皇帝，统治阶级内部的矛盾由此一步一步地深化了。

高纬是个极端昏庸无能的皇帝，宠信小人祖珽、穆提婆等专擅政事，政治腐烂，贿赂公行。祖珽品德卑劣，朝野不齿，斛律光很讨厌他，有一次远远看到就骂：多事乞索小人，又要做什么坏事？又曾和诸将说："以往边境消息，军事处分，政府经常和我们商量。自从这个盲人（祖珽眼睛坏了）掌管了国家机密以后，就全不商量了，怕会误国家大事！"斛律光有一次在朝堂，垂帘而坐，祖珽不知道，骑马经过，斛律光大怒说："此人敢如此无礼！"又一次，祖珽在朝房高声说话，斛律光恰巧走过听见了，又大发脾气。祖珽知道斛律光生气，就用钱买通律斛光的家奴，家奴告诉他，从祖珽当权以后，斛律光经常叹气，说盲人当权，国家要完了！祖珽由此下了决心，要害斛律光。

穆提婆也恨斛律光，他求娶斛律光的庶出女儿，斛律光不答应。高纬赐给穆提婆晋阳一片田地，斛律光说：这片土地从高欢以来都栽植饲料养马，要是给了人，军事上不便。高纬又赐给穆提婆邺城的清风园，这个园子原是公家种菜的，穆提婆租给了别人，公家没有菜吃了。斛律光说："此菜园赐提婆是一家足，若不赐提婆，便百官足。"话传出去了，穆提婆越发恨死，便和祖珽勾结，专等机会陷害斛律光。

斛律羨从564年任都督幽州刺史，当着抵御突厥入侵的军事任务。他把边境二千多里间，凡险要处或斩山筑城，或断谷起障，设立了五十多个军事据点。又兴修水利，导高梁河的河水北合易京，会于潞河，灌溉田地，公私都受到利益。在州养马二千匹，部曲三千，突厥人很害怕他，称为南面可汗。他生性谨慎耿直，因为家门太贵盛了，不但不骄傲，反而时常忧虑，怕出事故。570年上书皇帝请求解职，不许。这年封荆山郡王。

在齐、周两国交兵对峙，战争不断的情况中，高洋在位初期，军力强大，周人怕齐军在冬天偷渡黄河，常在冬月椎黄河冰。到高纬时，政治紊乱，凿黄河冰的不是周人，而是齐人了。只是靠着有斛律光这样名将，经常在边境经营军事据点，统军防御，才能勉强支持。北周名将韦孝宽要拔掉这个前进的障碍，便编造了谣言："百升飞上天，明月照长安。""高山不推自崩，斛树不扶自举。"派间谍到邺城传播，街上小孩到处歌唱。祖珽趁机会对高纬说：百升是斛，明月是斛律光小字。斛律家累世大将，明月声震关西，丰乐威行突厥，女为皇后，男娶公主，谣言很可注意。又使人诬告斛律光要造反。并叫一个丞相府的小官密告，上次斛律光西征凯旋时，不肯散军，原来是要造反的，只是皇帝派人去慰劳、下诏解散，才没有成功。现在他经常和兄弟丰乐、儿子武都处有信息往还，阴谋起事。外边的谣言和祖珽的阴谋，就决定了斛律光家族的命运。武平三年（572年）六月，祖珽叫高纬赐斛律光一匹骏马，第二天斛律光到宫中道谢时，力士刘桃枝从后面扑击，斛律光挺立不动，回过头来说：刘桃枝常作如此事，我不负国家！桃枝和力士三人用弓弦绞杀斛律光，这年斛律光五十八岁。同时派使臣到幽州杀斛律羡和他的五个儿子，光子武都镇守外地，也被杀害。

斛律光死后，祖珽派郎官邢祖信抄没他的家产。祖珽问抄了什么东西，祖信说：得弓十五张，宴射箭一百，贝刀七口，赐矟二张。祖珽又厉声问还有什么，祖信说：得枣子枝二十束，凡是奴仆和人斗殴的，不问曲直，就用以杖之一百。祖珽满面羞愧，只好大声说：朝廷已加重刑，郎中何可分雪？邢祖信出来时，人家说他太直了，祖信说：好宰相都死了，我何惜余生！

周武帝听见斛律光死了，极为高兴，下诏大赦境内。577年周军灭齐，占领邺城时，追封斛律光为上柱国崇国公，周武帝还指着追封诏旨说："此人若在，我怎么能到邺城！"

斛律金家族的命运，也代表着封建帝王统治下良将忠臣的命运，统治阶级内部的矛盾，在任何时候都是不可调和的。唐朝的郭子仪只是因为一味退让，不过问国事，才幸免于祸；宋朝的岳飞一心要恢复中原，迎还二帝，结果就非死不可。

一千三百九十年过去了，斛律金父子的事迹似乎也不大被人知道了，但斛律金所唱的《敕勒歌》，却在我国文学史上，永保其灿烂的光辉。

1962年7月26日

隋末农民领袖窦建德 *

隋朝末年，爆发了规模巨大的农民起义。

起义的目的是推翻隋炀帝的残暴统治。爆发的导火线是隋炀帝动员全国力量对高丽进行的战争。

隋炀帝大业七年（611年）二月命令在山东东莱（今山东掖县）海口造大船三百条，官员们亲自监督，工人白天黑夜都站在水里干活，死的人多到百分之三四十；征调各地军队，不管远近，都在涿郡（今河北涿县）集中；征调江淮以南水手一万人，弩手三万人，岭南小矟手三万人。五月，又要河南、淮南、江南造兵车五万辆作载运盔甲帐幕之用，都要兵士推车。发河南、河北民夫替军队运输。七月间发江、淮以南民夫和船运粮食到涿郡，船跟船接着有千把里长。来回在路上的经常有几十万人，道路上走满了人，白天黑夜不断，民夫们因被虐待、饥饿和疾病，到处是死人，臭气触鼻，全国骚动。

这时，山东、河南都闹大水，有三十几个郡受灾。

运粮到前方去的，往往连车连牛都回不来，兵士也死亡过半。种田地的农民被征发去当兵当民夫，田地无人耕种，很多都荒废了。加上又闹灾荒，粮价飞涨，百姓活不下去了。

---

* 本文出自吴晗《春天集》，作家出版社1961年12月出版。——编者注

在这样骚乱的时刻,隋炀帝又调发六十多万民夫,两人推一小车,运粮三石到指定地点,路途很远,三石米还不够两个人在路上吃的,到达以后,交不出军粮,就只好逃亡了。加上隋朝官吏的贪污残暴,百端勒索,百姓穷困,饥寒交迫,没有别的道路可走,唯一的活路是参加反隋的起义军。

窦建德就是当时农民起义军的领袖之一。

窦建德(573—621),贝州漳南(今山东恩县)人,家世务农,他身体好,力气大,会武艺,答应了的事一定做到,爱打抱不平。有一天,他正在耕田,听说同村子的人死了父亲,穷得买不起棺材,他很感慨,手头没有钱,便把牛送给这家子办丧事。有一晚,强盗来抢他家,建德毫不惊慌,站在大门背后,强盗进来一个打死一个,一连打死三个,剩下的不敢进来了,哀求把死尸还给他们,建德想了一想,知道有诈,便叫他们丢绳子进来收尸,建德抓住绳子跳出,又杀了几个。从此,他仗义勇敢的名声便四处传开了。

大业七年隋朝政府募兵到辽东作战,建德被派为队长,带二百人,准备出发。

同县人孙安祖的家被水淹没,老婆孩子都饿死了。县官看上安祖骁勇,硬派他从军,安祖诉说家庭穷困,备不起军装行粮,县官不由分说,把他打了一顿,安祖气极,刺杀县官,投奔窦建德家。建德劝安祖:"看天下情况,必然有变。丈夫不死,当立大功,逃来逃去中甚用?附近的高鸡泊有几百里宽,芦苇丛生,可以隐蔽,何不到那里去,看局面变化,再作计较。"替他招集逃兵和无业贫民几百人,带着到高鸡泊(在山东恩县西北)起义,孙安祖自称将军。

这时,到处有起义队伍,张金称聚兵万余人沿清河立寨,高士达聚兵一千多人在清河边界活动。这些起义队伍到处杀富济贫，打家劫舍，只是不犯窦建德的家乡。地方官认为他一定和起义军勾结，便把他全家杀光。建德正在河间，听说一家子都被杀光了，立刻带领部下二百人投奔高士达，士达自称东海公，以建德为司兵。不久，孙安祖为张金称所杀，部下几千人都来投奔建德，部队扩大到一万多人。建德和士卒接近，同甘共苦，同劳共逸，士卒很喜欢他，只要一声命令，便冲锋陷阵，勇往直前，士气极为旺盛。

大业十二年（616年）隋朝派兵万多人来攻，高士达自己认为智谋不如建德，请建德作军司马，统兵迎敌。建德设计大破敌军，斩杀敌将。不久，隋朝大将杨义臣攻杀张金称，乘胜进攻高鸡泊。建德劝士达："杨义臣很会用兵，如今乘胜而来，其锋不可当。不如避免接触，使其求战不得，空延岁月，将士疲倦，再乘便袭击，可以取胜。"士达不听，率兵迎击，打了个把小胜仗，就摆酒席庆祝。建德说糟了，东海公轻敌如此，必然大败。便留人守塞，自己带精兵守住险要，接应士达。过了五天，杨义臣果然大破高士达军，士达战死。隋军乘胜进攻，高鸡泊守军溃散，建德只带了百多个骑兵逃到饶阳（今河北饶阳），发见饶阳城没有守军戒备，乘机攻陷，招集当地贫民和收集散兵，又建立一支三千多人的队伍，自称将军。

当时，各地起义军抓到隋朝官吏和士族子弟，一律诛杀。建德采取了不同的策略，对这些人加意款待，分别任用。得饶阳后，待饶阳县长宋正本为上客，和他商议军机。这样，附近各地的隋朝官吏纷纷投降，疆土日广，声势日盛，兵力也发展到十几万人，成为一支可以独立作战的军事力量了。大业十三年正月在河间乐寿（今河北献县）自称长乐王，建立了政府机构。

接着又用计击败来攻的三万隋军。建都乐寿，号为金城宫，唐武德元年（618年）建国号称夏。

唐武德二年，杀害隋炀帝的宇文化及在魏县（今河北大名）称帝。建德发兵攻擒化及，把这一批叛乱的首恶都杀了，被宇文化及裹胁的隋朝的官员很高兴，有不少人在夏国做官。八月，取洺州（今河北永年），迁都洺州，号为万春宫。建德重视农业生产，劝导百姓种好庄稼，栽桑养蚕，政治清明，境内安定，没有盗贼，作买卖的和来往旅客都可以放心在田野过夜。境土日益扩大，西接洛阳王世充，并和唐朝通好。

武德三年七月，唐秦王李世民率兵进攻王世充，王世充向夏国求救。有人建议，如今唐在关内，王世充在河南，夏有河北山东，形成三方鼎足之势。唐攻河南，王世充挡不住，唇亡齿寒，接着被攻的必然是夏国。应该出兵救援王世充，两家合力，必败唐兵。再看形势，吃掉王世充，进攻关中，可以取得天下。四年正月，建德打败了另一支起义军孟海公，增加了军事力量，出兵三十万，西救洛阳。

建德生活朴素，不喜欢吃肉，吃的是粗米饭蔬菜。攻下城市，所得财物都分给将士。喜欢倾听别人意见，很得人心。缺点是好话坏话都听，晚年听信谗言，杀了勇将王伏宝，和敢说直话的宋正本，从此，打仗不那么顺利了，官员们也不敢提意见了。新破孟海公以后，将士骄傲起来了，和唐军对垒两个月，不能前进，士卒也日夜想回家，士气低落。谋士凌敬劝他全军渡河，直取怀州（今河南沁阳）、河阳（今河南孟县），过太行，入上党，抄唐军的后路。这样有三个好处，第一乘虚突击，可保万全；第二开拓领土，增加人口；第三洛阳之围，不救自解。建德认为是好主意，准备接受。王世充的使臣日夜哭求进

212

兵，部下将士得了王世充使臣的贿赂，主张决战，建德只好改变主意，听从诸将的意见，进攻虎牢关，连营二十里。唐将李世民按军不战，建德的军队列阵半天，士卒又饿又倦，坐在地下抢着喝水。李世民趁这机会，亲自带领轻骑冲锋，大军随后，漫山遍地响起一片杀声。这时，夏国的许多官员正在建德处议事，唐军突然冲到，官员们纷纷挤到建德周围，建德下令叫骑兵迎敌，骑兵来了，被官员们挡住过不去，建德又令官员们避开，一来一往之间，唐军进入阵后，高举唐军旗帜，夏军望见，惊惶溃退。建德受了伤，被唐军俘掳。七月，被杀于长安。

窦建德之死，离开现在已经一千三百四十年了。一直到今天，河北曲阳还有他的庙，说明人民对于这个了不起的农民领袖的怀念。

况钟和周忱 *

一、从《十五贯》说起

1956年浙江昆苏剧团上演了改编的昆曲《十五贯》之后，各地其他剧种也纷纷改编上演，况钟这个封建时代的好官，逐渐为成千上万的观众所熟识了。这戏中另一个好官周忱，是况钟的上司和同乡，也被赋予和况钟不同的性格，成为舞台上的人物。

《十五贯》成功地塑造了况钟这个历史人物，刻划了他的性格、思想感情。他通过具体分析，进行现场调查研究，得出正确结论；终于纠正了主观主义、官僚主义的错误判断，平反了冤狱，为人民办了好事。这个戏形象地突出了反对主观主义、反对官僚主义这个主题，是具有现实的教育意义的，是个好戏。

但是，《十五贯》这个故事，其实和况钟并不相干。

《十五贯》的故事出自《宋元话本》的《错斩崔宁》，大概是宋朝的故事。明朝末年，有人把这故事编在一部书里，题名为《十五贯戏言成巧祸》，清初的戏剧家朱素臣又把它改编为《十五贯传奇》。现在上演的本子，是根据朱素臣的本子改编的。从故事改编的发展来说，一次比一次好，迷信成分去掉了，复杂的头绪减少了，人物的形

---

* 本文出自吴晗《春天集》，作家出版社1961年12月出版。——编者注

象更典型了，深刻了，也就更生动了；艺术感染力量更强烈了；教育主观主义、官僚主义者的效果也就更好了。

那么，问题就来了，《十五贯》既然是宋朝的故事，况钟却是明朝人，从宋末到明前期，相差有一百几十年，为什么戏剧家一定要把这故事算在况钟名下呢？

这是因为况钟的确是历史上的好官，也的确替当时负屈的老百姓伸过冤，救活了不少人命，在当时人民中威信很高。其次，朱素臣是苏州人，对《十五贯》的故事和况钟这个人物的传说都比较熟悉。戏剧家为了集中地突出故事情节，集中地突出历史人物，把民间流传已久的《十五贯》故事，和当时民间极有威望的好官况钟结合起来，一方面符合人民对于清官好官的迫切要求，一方面也反映了一定时期的历史情况，是完全可以允许的艺术处理。

正因为如此，这故事不但得到广大人民的喜爱，连况钟的子孙也认为确有其事了。况钟九世孙况延秀编的《太守列传编年》上说：

> 折狱明断，民有奇冤，无不昭雪。有熊友兰、友惠兄弟冤狱，公为雪之，阖郡有包龙图之颂，为作传奇，以演其事。惜一切谶断，不能尽传于世。

二、况青天

封建时代的官僚，被人民表扬为青天，是很不容易的事。

由于封建统治阶级一贯剥削、虐待人民，和人民对立，老百姓在平常时候，是怕官的。老百姓和官的关系是，一要完粮，二要当差，三呢，遭到冤枉要打官司。这三件事都使老百姓怕官，一有差错，就得挨板子、上夹板，受到种种非刑，关进班房，以至充军、杀头，等等，老百姓怎能不怕？

但是，一到了阶级矛盾十分尖锐，老百姓忍无可忍，团结起来暴动的时候，情况就完全改变了。人民自己已有了武装，也有了班房，那时候，老百姓就不再怕官了，害怕发抖的是官。以此，历史上每次农民起义，矛头总是首先针对着本地的官员，口号总有杀尽贪官污吏这一条。

由于封建统治阶级的统治基础是建立在对广大农民的剥削、掠夺上面的，封建官僚是为了地主阶级利益服务的；一切政治设施的最后目的，都是为了巩固和加强封建统治。这样，也就不难理解在封建官僚的压迫、奴役下，广大人民对于比较清明、宽大、廉洁政治的向往，对于能够采取一些措施，减轻人民负担，伸雪人民冤枉的好官的拥护了。对于这样的好官，人民作了鉴定，叫作青天。

也正由于封建时代的青天极少，所以历史上屈指可数的几个青天，也就成为箭垛式的人物，许多人民理想中的好事都被堆砌到他们身上了。像宋朝的包拯，明朝的况钟和海瑞，都是著名的例子。

也还必须指出，尽管历史上出现了几个青天，是当时人民给的称号。但是，也决不可以由此得出结论，以为青天就是站在人民立场的政治家。不是的，恰恰相反，他们都是为封建统治阶级利益服务的官僚，在这一点上，也和当时其他封建官僚一样，是和人民对立的。不过，由于他们的出身和其他关系，比较接近人民，了解人民的痛苦，比较正直，有远见，为了维持封建统治阶级的长远利益，缓和阶级矛盾，在不损害封建统治阶级的根本利益前提下，有意识地办了一些好事。这些好事是和封建统治阶级的长远利益一致的，也是和被压迫被剥削的广大人民当前利益一致的，对当时的生产发展，对历史的进展有好处的。因此，他们在当时被人民叫作青天，在历史上也就应该是被肯定的，值得纪念的，在某些方面，还是值得今天学习的人物。

况钟（1383—1442），江西靖安人。从公元1430年起任苏州知府，一直到1442年死在任上，连任苏州知府十三年。

苏州地方殷富，人口稠密，土地集中，人民贫困，阶级关系比较紧张。在况钟以前，作知府的不要说久任，连称职能够作满任期的也没有一个。况钟以后，也还出过几个好官，不过都比不上他这样有名，为人民所爱戴歌颂。

从唐宋以来，封建王朝任命官僚，主要是用科举出身的人，上过学，会写一定格式的诗、文，通过考试，成为叫做进士或者举人的知识分子。一般在衙门里办事的吏（科员），地位很低，只能一辈子作吏，是作不了官的。明朝初期，科举出身的人还不够多，官和吏的区别还不十分严格，以后就不同了。况钟的父亲是一家地主的养子。况钟从小也念过一点书；但没有考上学校。到成年以后，公元1406年被选作靖安县的礼曹（管礼仪、祭祀一类事务），一直作了九年的吏。他为人干练精明，通达事务，廉介无私，为县官所重视。也正因为他作了多年的吏，直接和人民打交道，不但了解民间痛苦，也深知吏的贪污害民行径，到后来作了官，便有办法来制裁这些恶吏了。

靖安知县和当朝的礼部尚书（管礼仪、祭祀、考试的部长）是好朋友，当况钟作满九年的吏，照例要到吏部（管任免、考核官员的部）去考绩的时候，靖安知县便写信给这个朋友，推荐况钟的才能。礼部尚书和况钟谈了话，也很契重，便特别向皇帝推荐。明成祖召见况钟，特任为礼部仪制司主事，以后升为郎中，一连作了十五年京官。

在这十五年中，况钟和当时许多有名的政治家来往，成为朋友，交换了对政治上许多看法。其中主要的是江西同乡的京官。在封建时代，交通很不方便，官僚们对同乡是很看重的，来往较多，政治上也互相影响，这种关系称为乡谊，是一种封建关系。况钟的同乡中有许多是当权的大官，有声名的政治家，况钟深受他们的影响，在况钟以后的政治活动中，也得到他们的支持。

明成祖在打到南京，作了皇帝以后，任命七个官员替他管理机密事务，叫作"入阁"，后来叫作"拜相"。这七个人中有五个是江西人，其中泰和人杨士奇和况钟关系最深，南昌人胡俨、湖北石首人杨溥也是况钟的朋友。此外，江西吉水人周忱和况钟也很要好。

明成祖死后，三杨当国，三杨就是原来七人内阁中的三个，是杨士奇、杨溥和杨荣。这三人都是有能力的政治家，在他们当国时期，政治是比较清明的。

公元1430年，明封建王朝经过讨论，为了进一步加强统治，增加财政收入，认为全国有九个大府，人众事多，没有管好，其中特别是苏州府，交的税粮比任何一省都多，政治情况却十分不好，官吏奸贪，人民困苦，欠粮最多，百姓逃亡。要百官保举京官中有能力而又廉洁的外任作知府，来加强控制。礼部和吏部都推荐况钟，首相杨士奇也特荐况钟作苏州知府。为了加重况钟的权力，明宣宗还特别给以"敕书"（书面命令），许以便宜行事，并特许他可以直接向皇帝写报告，提建议。

我国在过去漫长时期是农业国，封建王朝的经济基础是农业。王朝的全部收入百分之九十以上出自农民交纳的粮食，服兵役和无偿劳役的也主要是农民。要是农民交不起粮或者少交粮了，农民大量逃亡外地，不当差役了，便会发生严重的政治危机，危害封建王朝的统治地位。

由于宋元以来的历史发展，东南地区的农业经济大大发展了，显出一片繁荣气象。况钟所处的十五世纪前期，正是明王朝的全盛时期。但是，这个地区的繁荣，这个时期的全盛都只是表面上的，内部却包含着严重的危机。

危机是农民负担过重。

就东南一带而说，农民负担之重居全国第一。这时全国的实物收入，夏税秋粮总数约三千万石，其中浙江一省占二百七十五万多石，约占全国收入十分之一弱。苏州一府七个县却占二百八十一万石，比浙江一省交的粮还多。松江府一百二十一万石，也很重。以苏州而论，垦田数只有九万六千五百零六顷，占全国垦田数百分之一点一，交纳税粮呢，却占全国税收的百分之九点五。

为什么江南地区的农民负担特别重呢？这是因为从南宋以来，由于这一带土地肥沃，经济发展，贵族、官僚用种种方法兼并土地，到了政治局面发生变化，旧的贵族、官僚被推翻了，他们所占有的土地就被没收为官田，经过多次变化，官田就越来越多，民田就越来越少了。到明太祖取得这带地方以后，又把原来的豪族地主的田地没收为官田，并且按私租收税，这样，这带地方的官田租税就特别重了。

民田的租税虽然也很重，但是，农民向地主交租，多在本地，当天或者几天就可以来回，一改为官田，不但田租特别重，而且收的粮食要交官了，得由农民运送到指定的仓库交纳。在交通不便的情势下，陆运、水运，要用几个月以至更多时间，不但占用了大量劳动力，不能投入生产，而且，交纳一石官粮，往往要用两三石以至四五石的运费，有时候遭风翻船了，或者被人抢劫，都得重新补交，所有这些巨大的运费和意外的赔垫，都要由农民负担，农民怎么负担得起？苏州农民因为官田特别多，负担就特别重。

苏州七个县完纳的二百八十一万石税粮中，民粮只有十五万石，官田田租最重的每亩要交三石粮。官粮中有一百零六万石要远运到山东临清交纳，有七十万石要运到南京交纳，运到临清的每一石要用运费四石，运到南京的也要六斗。这样残酷的剥削使人民无法负担，在况钟到苏州以前，四年的欠粮数就达到七百六十多万石。老百姓完不了粮是要挨板子、坐班房的，农民要活下去，就只好全家逃亡，流离外地了。

占全国税粮近十分之一的苏州，欠粮这样多，人口大量外流，是不能不严重地影响到封建王朝的统治基础的。首相杨士奇提出补救方案：蠲免欠粮，官田减租，清理冤狱，惩办贪官，安抚逃民，特派知府等六项措施。况钟就是在这样情况下，被特派到苏州执行这些措施的。

官田减租是得到明宣宗的同意，用诏书（皇帝的命令）下达全国的。但是，有人认为，减掉了租，就减少了王朝的收入，遭到封建统治阶级内部的反对，没有能够贯彻，蠲免欠粮，也同样行不通。隔了两年，还是没有解决。尽管明宣宗和杨士奇为了缓和阶级矛盾，巩固统治基础，下了极大决心要办，并且严厉申斥户部官员，不奉行减租免粮命令的就要办罪，还是办不了，办不好。

况钟在苏州坚决执行封建王朝的政策，在巡抚周忱的支持下，他多次提出官田减租和蠲免欠粮的具体办法，都被户部批驳不准。况钟并不妥协，坚持要办，一直到宣德七年（1432年）三月，才得到批准，减去官田租七十二万一千六百多石，荒田租十五万石，官粮远运临清的减去六十万石，运到南京的改为驻军到苏州自运，连同其他各项，每年减省了苏州人民一百五十六万石的负担，假如连因此而省掉的运费、劳力计算，数目就更大了。这对苏州人民来说，确是一件了不起的大好事，对明王朝的统治来说，也确是起了巩固作用。而且，官田虽然减了一些租，因为不欠粮了，王朝的实际收入，比上前几年反而增加了。

由于官田田租减轻了，逃民回来后复业的就有三万六千六百多户。人民的生活虽然还是很苦，但是毕竟比过去稍微好了一些，生产情绪也提高了。他们欢欣鼓舞，感谢况钟的恩德，到处刻碑纪念这件好事。

况钟在人民中间的威信日益提高，主要的是他还办了以下这几件事：

第一是惩办贪吏。况钟是从吏出身的，精于吏事。在上任以后，却假装不懂公事，许多吏拿着案卷请批，况钟问他们该怎么办，都一一照批。吏们喜欢极了，以为这知府真好对付，以后的事好办了。况钟在经过充分的调查研究，弄清情况以后，过了一个多月，突然叫官员和吏们都来开会，当场宣读"敕书"，其中有"属员人等作奸害民，尔即提问解京"的话，就问这些吏，那一天你办了什么事，受了多少贿赂，对不对？一一问过，立时杀了六个。官员中有十二个不认真办事，疲沓庸懦的，都革了职。另外有几个贪赃枉法的，拿到京师法办。这一来，官吏们都害怕了，守法了，老百姓也少吃苦头了。人们叫他作青天。

苏州人民好容易有了一个青天，松了一口气。第二年，况钟的继母死了，按封建礼制辞官回家守孝。这一来，苏州的天又黑了，风气

221

又变了，官们吏们又重新做坏事了，百姓又吃苦头了。他们想了又想，都是况钟不在的缘故，三万七千多人便联名请求况钟回来。隔了十个多月，况钟又被特派回到苏州，这一回用不着调查了，立刻把做坏事的官吏们都法办了，天又变好了，况钟更加得到人民的支持。

第二是清理冤狱。苏州有七个县，况钟每天问一个县的案，排好日程，周而复始，不到一年工夫，清理了一千五百多件案子，该办的办，该放的放，做得百姓不叫冤枉，豪强不敢为非，老百姓都叫他是包龙图再世。现在舞台上演唱的《十五贯》，虽然事实上和况钟无关，但确也反映了他在这一方面的工作作风，取得的成绩和威信，是符合历史实际的。

第三是抑制豪强。明朝制度，军民籍贯是分开的，军户绝了，要勾追原籍本家男丁补缺。封建王朝派的清军御史蛮横不讲道理，强迫平民充军，弄得老百姓无处诉冤，况钟据理力争，免掉一百六十个平民的军役，免掉一千四百多平民的世役，只是本身当军，不累及子孙。七县的圩田设有圩长圩老九千多人，大部分都是积年退役（在衙门做过事的）恶霸，这制度和这些人得到大官的支持，为非作恶，况钟不管上官的反对，也把它一起革除了。沿海沿江有些地方的军官，借名巡察河道，劫掠商船，为害商旅，况钟都一一拿办。

第四是为民兴利。苏州河道，淤塞成灾，况钟把它疏浚了，成为水利。人民因粮重贫困，向地主借高利贷，弄得卖儿卖女，况钟想法筹划了几十万石粮食，建立济农仓，每到农民耕作青黄不接的时候，便开仓借贷，每人二石，到秋收时如数偿还，遇有灾荒，也用这粮食赈济。又推广义役仓制度，用公共积累的粮食，供应上官采办物料的赔垫消费，免去中间地主们的剥削和贪污，从而减轻人民的负担。

况钟刚正廉洁,极重视细小事件,设想周密,不怕是小事,只要有利于百姓就做,对百姓有害的就加以改革。兴利除害,反对豪强,扶持良善,百姓敬他爱他,把他看作天神一样。第一次回家守孝,百姓想念他,作歌说:

况太守,民父母,众怀思,因去后,愿复来,养田叟。

又有歌说:

众人齐说使君贤,只剪轻蒲为作鞭,
兵仗不烦森画戟,歌谣曾唱是青天。

三年任满,到京师朝见,百姓怕他升官,很担心,到回来复任,百姓又唱道:

太守朝京,我民不宁,太守归来,我民忻哉!

到九年任满,又照例到吏部候升,吏部已经委派了新的苏州知府了,苏州人民不答应,有一万八千多人联名保留况钟,结果,况钟虽然升了官,又回到苏州管知府的事。

况钟作了十三年知府,死的时候,老百姓伤心痛哭,连作生意的也罢市了。送丧的沿路沿江不绝。苏州和七个县都建立了祠堂,画像祭祀,有的人家甚至把他的画像供在家里。

生性俭朴,住的房子没有什么陈设,吃饭也只用一荤一素。做官多年，没有添置过田产，死后归葬，船上只有书籍和日用器物，苏州人民看了，十分感动。做官办事，不用秘书，一切报告文件都亲自动手，文字质直简劲，不作长篇大论，说清楚了就算。在请求官田减租的报告上，直率批评皇帝失信，毫不隐讳。

和巡抚周忱志同道合，他每次有事到南京，上岸时虽然天黑了，周忱也立刻接见，谈到深夜。况钟在苏州办的许多好事是和周忱的支持分不开的，周忱在巡抚任上办的许多好事，也有况钟的贡献在内。

三、周忱

周忱（1381—1453）从公元1430年任江南巡抚，一直到1451年，前后共二十一年，是明朝任期最长的封疆大员，最会理财最能干的好官。

他是进士出身，在刑部（管司法、审判的部）作了二十多年的员外郎（官名，专员），不为人所知。直到大学士（宰相）杨荣推荐为江南巡抚、总督税粮，才出了名。

周忱不摆官僚架子，接近人民，倾听群众意见，心思周密，精打细算，会出主意，极会办事，人民很喜欢他。

江南其他各府县，也和苏州一样，欠了很多税粮。周忱首先找老年农民研究，问是什么缘故。农民们说，交粮食照规矩得加"耗"（附加税），因为仓库存的粮食日子久了分量就减少了，加上麻雀老鼠都要吃粮食，这样，就会有耗损。官府把预计必有的耗损分量在完粮时附加交纳，叫作"耗"。但是，地主们都不肯交纳，光勒揸农民负担全部耗损，农民交纳不起，只好逃亡，税粮越欠越多了。

周忱弄清原因，就创立平米法，把完粮附加的耗米，合理安排，不管是地主是农民，都一律负担。又进一步由工部（管工程的部）制定铁斛，地方准式制造，凡是收放粮食都用同一的标准量器，革除了过去大斗进小斗出的弊病。农民交粮，一向由粮长（地主）经手存放运输，制度紊乱，粮长巧立名目，从中取利，农民负担便越发重了。周忱经过细心研究，制定一套办法，大大减少了粮长做坏事的机会，也减少了耗损。又精打细算，改进了粮食由水路运到北京的办法，节省了人力和粮食，把这些节约的粮食和多出的附加耗米单独设仓贮存，叫做余米，逐年积累，作为机动用费。又和况钟举办了济农仓，减免了苏州和其他各府的官田租粮。经过亲自考察，发现松江、嘉定、上海一带的河流淤塞，就用余米动工疏浚，兴办了许多水利工程。通过这些措施，人民负担减轻了，加上遇有天灾，可以得到及时的救济，不但荒年不必逃荒，连税粮也不欠了，仓库富足了。民生也安定了。

周忱遇事留心研究，找出关键问题，提出解决办法，随时改革不适用的旧办法，适应新的情况。他有便宜行事的职权，地方性和局部性的问题，可以全权管理，以此，他在江南多年，先后办了不少好事。

他有良好的工作习惯，每天都记日记，除记重要的事项以外，也记下这一天的气候，阴、晴、风、雨。有一回，有人谎说，某天长江大风，把米船打翻了。周忱说不对，这一天没有风，一句话把这案子破了。又有一回，一个坏人故意把旧案卷弄乱，想翻案。周忱立刻指出，你在某天告的状，我是怎么判决的。好大胆子，敢来糊弄人！这个坏人只好服罪。江南钱粮的数目上千上万，都记得很清楚，随时算出，谁也欺骗不了他。

也有全局观点，对邻近地区遇事支援。有一年江北闹大饥荒，向江南借米三万石，周忱算了一下账，到明年麦子熟的时候，这点粮食是不够吃的，借给了十万石。

1449年10月瓦剌也先败明军于土木（今北京怀来县），明英宗被俘，北京震动。当国的大臣怕瓦剌进攻，打算把通州存的几百万石粮食烧掉，坚壁清野。这时恰好周忱在北京，他极力主张通州存粮可以支给北京驻军一年的军饷，何不就命令军队自己去运，预支一笔军饷呢？这样，粮食保全住了，驻军的粮饷也解决了。

周忱还善于和下属商量办事，即便对小官小吏，也虚心访问，征求意见。对有能力的好官，如苏州知府况钟、松江知府赵豫、常州知府莫愚、同知赵泰等，则更是推心置腹，遇事反复商量，极力支持，使他们能够各尽所长，办好了事。正因为他有这样好作风，他出的主意，想的办法，也都能通过这些好官，贯彻执行下去。

他从不摆大官架子，有时候有工夫，骑匹马沿江到处走，见到的人不知道他是巡抚。在江南年代久了，和百姓熟了，像一家人一样，时常到农村去访问，不带随从，在院子里，在田野里，和农夫农妇面对面说家常话，谈谈心，问问有什么困难，什么问题，帮着出主意。

周忱最后还是被地主阶级攻击，罢官离开江南。他刚离开，户部立刻把他积储的余米收为官有，储备没有了，一遇到灾荒、意外，又到处饿死人了。农民完不起粮，又大量欠粮了，逃亡了。百姓越发想念他，到处建立生祠，纪念这个爱民的好官。

过了两年，周忱郁郁地死去。

戚继光练兵 *

戚继光（1528—1587）是十六世纪后期抗倭的名将，谁都知道。但是他后来在北边十六年，训练边兵，保障国境安宁这一段史事，却为他自己以前抗倭的功绩所掩盖了，不大为人所知。

隆庆二年（1568年），戚继光以都督同知被任命为总理蓟州、昌平、保定三镇练兵事，负责北边边防。

在抗倭战争时代，卫所官军腐朽了，不能打仗了。戚继光招募浙江金华义乌一带农民，教以击刺法，长短兵迭用；又以南方多水田薮泽，不利于驰逐，就根据地形，制定阵法；讲求武器精利，练成一支敢战能战的精兵，当时戚家军屡战屡胜的威名，是全国皆知的。

现在，他到北方来了，面对的地形有平原，有半险半易的地形，有山谷仄隘，各种地形都有。敌人呢，是擅长骑马射箭的，也和倭寇不同。用在南方打仗的一套办法来对付新的情况行吗？

经过调查研究，深思熟虑，他制定了一套新的训练办法。首先针对边军畏敌、争功的毛病，把军队重新加以组织，节制严明，有功必赏，有过必罚。行伍、旌旗、号令、行军、扎营都逐一规定了制度。每天下场操练，务要武艺娴熟。他指出："教练之法，自有正门，美观则不实用，

---

* 原载《人民日报》，1962年5月29日。——编者注

实用则不美观。"专拿应付上官检阅那一套来对付敌人是不行的。

为了在防御战上取得优势,他采用了骑、步、车、辎重结合的战术。还制定了阵法,在不同地形都可运用。吸收了和倭寇作战的经验,采用了敌人的武器倭刀和鸟铳,把原来的火器"大将军"、佛朗机、快枪、火箭等都加以改进和提高。长短兵迭用的原则进一步得到发挥。

更重要的是使将士和全军都有共同的目标和信念,在练了两年兵,修筑了防御工事以后,他大会诸将,登坛讲话,三天之内把所有问题都讲透了,要诸将回去以后,传与军士,要人人信服,字字遵守,万人一心。同时编了一部书叫《练兵实纪》分发给每队,每队择一识字人诵训讲解,全队口念心记,充分地做好思想教育工作。

为了给废弛已久的边兵以纪律的榜样,他调来浙江兵三千,刚到便在郊外等候检阅,恰好这天下大雨,从早到晚一刻不停,三千兵像墙一样站着,没有一个乱动的,边军看了,大吃一惊,才懂得什么叫军令、军纪。

在戚继光以前,守边的将军十七年间换了十个,大都是打了败仗换的。戚继光在边镇十六年,敌人不敢入侵,北边安定。他走了以后,继任者继承他的成规,也保持了边方几十年的安定。

经验是从实践得来的,经过总结,提高成为理论。但是实际情况又千差万别,拿此时此地的经验硬应用于彼时彼地,就非碰壁不可。这里又有因时、因地、因人制宜的问题。戚继光在南方、北方军事上的成功,原因是善于从实践总结经验,更重要的是不以成功的经验硬用于不同的地点和敌人,而宁愿从头做起,以具有普遍性的理论原则来指导实践。在这一点上,戚继光练兵的故事在今天说来也还是可以给我们一些启示的。

"社会贤达"钱牧斋[*]

就钱牧斋对明初史料的贡献说，我是很推崇这个学者的。二十年前读他的《初学集》《有学集》《国初群雄事略》《太祖实录辨证》诸书，觉得他的学力见解，实在比王弇州（世贞）、朱国桢高。同时也搜集了有关他个人的许多史料，如张汉儒控告他和瞿式耜的呈文、《牧斋遗事》《虞山妖异志》《阁讼记略》《钱氏家变录》《牧斋年谱》《河东君殉家难事实》（以上均见《虞阳说苑甲编》）、《纪钱牧斋遗事》（《痛史》本）、《钱氏家变录》（《荆驼逸史》本）、瞿式耜《瞿忠宣公集》、文秉《烈皇小识》、计六奇《明季北略》，以及《明史·周延儒传》《温体仁传》《马士英传》《瞿式耜传》有关他的记载，和张汉儒呈文的另一印本（刊文艺杂志）八期）。因为《明史》里不收这个做清朝官的两朝领袖，《清史稿》列他在《文苑传》，极简略。当时就想替此人写点什么。记不得那时候因为什么耽误了，一晃荡便是二十年。

最近又把从前所看过的史料重读一遍，深感过去看法之错误。因为第一他的史学方面成就实在有限，他有机会在内阁读到《昭示奸党录》《清教录》一类秘本，他有钱能花一千二百两银子买一部宋本

---

[*] 本文出自吴晗《读史劄记》，生活·读书·新知三联书店 1956 年 2 月出版。——编者注

《汉书》，以及收藏类似俞本《皇明纪事录》之类的秘笈，有绛云楼那样收藏精博的私人图书馆，从而做点考据工作，实在没有什么了不起；第二这个人的人品实在差得很，年轻时是浪子，中年是热中的政客，晚年是投满的汉奸，居乡时是土豪劣绅，在朝是贪官污吏，一生翻翻覆覆，没有立场，没有民族气节，除了想做官以外，从没有想到别的。他的一点儿成就、虚名、享受，全盘建立在对人民剥削的基础上，是一个道地的完全的小人、坏人。

可是，三百年前，他的名气真大，东林巨子，文坛领袖，斯文宗主，而且还是幕后政治的牵线人物。只是做官的日子短，在野的年代长，以他当时的声名而论，倒是个"社会贤达"也。

我正在研究历史上的士大夫官僚绅士地主这类人，钱牧斋恰好具备这些资格，而且还是"社会贤达"，因此把旧材料利用一下，写出这个人，并非毫无意义，而且也了却多年来的心愿，是为记。

一、定论

牧斋是有自知之明的，他明白自己的大节有亏，常时嘴里说的是一套，纸上写的是一套，做的是完全不同的另一套。师友们轰轰烈烈成为一代完人，只有他醉心于功名利禄，出卖了人格灵魂，出卖了民族国家，到头来变成"药渣"，"秋风起，团扇捐"，被新主人一脚踢开，活着对不起人民，死去也羞见当年师友，老年的情怀实实在在是凄楚的、寂寞的、幽怨的，百无聊赖，只好皈依空门，靠念经礼佛来排遣、忏悔。排遣往年的过错，忏悔一生的罪恶。有时候也不免自怨自艾一番，例如《有学集》卷一《次韵茂之戊子秋重晤有感之作》：

残生犹在讶经过，执手只应唤奈何！近日理头梳齿少，频年洗面泪痕多。神争六博其如我，天醉投壶且任他。叹息题诗垂句后，重将老眼向关河。

《再次茂之他字韵》：

覆杯池畔忍重过，欲哭其如泪尽何？故鬼视今真恨晚，余生较死不争多！陶轮世界宁关我？针孔光阴莫羡他！迟暮将离无别语，好将白发喻观河。

戊子是明永历二年，清顺治五年（1648年），这年他六十七岁了，为了被控和明朝故老闹"反清"，被羁押在南京，案情严重。想想一辈子居高官，享大名，四年前已经六十四岁了，还不顾名节，首倡投降之议，花了一笔大本钱，满以为新朝一定大用，不料还是作礼部侍郎，二十年前早已作过的官。官小倒也罢了，还被奚落，被哂笑，实在受不了，只好告病回籍。如今又吃这官司，说是为明朝呢，说不上，为清朝呢，更说不上，于是见了人只好唤奈何了，要哭也没有眼泪了，活着比死也好不了多少了。顺治十八年（1661年），他八十岁大寿，族弟钱君鸿要发起替他征集庆寿诗文，他苦口辞谢说：

少窃虚誉，长尘华贯，荣进败名，艰危苟免，无一事可及生人，无一言可书册府，濒死不死，偷生得生。绛县之吏，不记其年，杏坛之杖，久悬其胫。此天地间之不祥人，雄虺之所憗遗，鹎鵾之所接席者也。人亦有言，臣犹知之，而况于君乎？（《有学集》卷三九《与

231

族弟君鸿论求免庆寿诗文书》）

这一段话每一个字都是真实的、确当的。他的一生定论"荣进败名，艰危苟免"，他一生的言行是"无一事可及生人，无一言可书册府"，明亡而"濒死不死"，降清而"偷生得生"，真是一个为人民所共弃的不祥人，该以杖扣其胫的老怪物。所谓人亦有言，如顺治三年（1646年）在北京碰钉子谢病南归，有无名氏题诗虎丘石上《赠钱牧斋宗伯南归》：

入洛纷纷兴太浓，苑鲈此日又相逢；黑头已是羞江总，青史何曾用蔡邕？昔去幸宽沈白马，今归应悔卖卢龙；最怜攀折章台柳，撩乱秋风问阿侬。（此据《痛史》本。《虞阳说苑》本《牧斋遗事》首句作"入洛纷纭意太浓"，"黑头已是"作"黑头早已"，"用蔡邕"作"惜蔡邕"，末二句作"可怜折尽章台柳，日暮东风怨阿侬"。）

如《虞山行》：

一朝铁骑横江来，荧惑入斗天门开，群公蒲伏迎狼纛，元臣拜舞下鸾台。挂冠带笠薰风里，耳后生风色先喜，牛渚方蒙青盖尘，更向龙井钓龙子。名王前席拂朱缨，左拍宗伯右忻城，平吴利得逢双俊，投汉何曾有少卿。靡靡北道岁云暮，朔风吹出蚩尤雾，趋朝且脱尚书履，洛中那得司空座。回首先朝一梦中，黄扉久闭沙堤空，终朝襁带嗟何及，挂帆归去及秋风。……吁嗟盛名古难成，子鱼佐命褚渊生，生前莫饮乌程酒，死来休见石头城！死生恩怨同蕉鹿，空向兴亡恨失

足，诗卷终当覆酒杯，山邱何用嗟华屋。（节引自《痛史》本《纪钱牧斋遗事》）)

"牛渚方蒙青盖尘"指福王被虏，"更向龙井钓龙子"指牧斋作书诱降在杭州的潞王。"左拍宗伯右忻城"指文班以牧斋为首，武班以忻城伯赵之龙为首迎降清军。"黄扉久闭沙堤空"，指北上后不得大用，失意而反。和这句相发明的，还有一首《虞山竹枝词》：

十载黄扉事渺茫，重瞻天阙望恩光，凤凰池上无人问，依旧当年老侍郎。

《牧斋遗事》记一故事，说一天牧斋去游虎丘，穿一件小领大袖的衣服，有人揖问："这衣服是什么式样？"牧斋窘了，只好说："小领遵时王之制，大袖乃不忘先朝。"这人连忙改容说："哦，您真是两朝领袖咧！失敬失敬。"

死后，他所迎降的清朝皇家对他的看法，乾隆三十四年（1769年）六月上谕："钱谦益本一有才无行之人，在前明时身跻膴仕。及本朝定鼎之初，率先投顺，洊陟列卿，大节有亏，实不足齿于人类。朕从前序沈德潜所选《国朝诗别裁集》，曾明斥钱谦益等之非，黜其诗不录，实为千古纲常名教之大关。彼时未经见其全集，尚以为其诗自在，听之可也。今阅其所著《初学集》、《有学集》，荒诞悖谬，其中诋毁本朝之处，不一而足。夫钱谦益果终为明朝守死不变，即以笔墨腾谤，尚在情理之中。而伊既然本朝臣仆，岂得复以从前狂吠之语，列入集中，其意不过欲借此以掩其失节之羞，尤为可鄙可耻！钱谦益业已身死骨朽，姑免追究，但此等书籍悖理犯义，岂可听其流传，必当早为销毁。"于是二集成为禁书。第二年弘历又题《初学集》："平生谈节义，两姓事君王，进退都无据，文章那有光？真堪覆瓮酒，屡见咏香囊，末路逃禅去，原为孟八郎。"四十一年又诏："钱谦益反侧卑鄙，应入《国史贰臣传》，尤宜据事直书，以示传信。"四十三年二月又谕："钱谦益素行不端，及明祚既移，率先归命。乃敢于诗文阴行诋毁，是为进退无据，非复人类。若与洪承畴等同列《贰臣传》，不示差等，又何以昭彰瘅？钱谦益应列入乙编，俾斧钺凛然，合于春秋之义焉。"（《清史列传·贰臣传》乙编）其实这些话是有些冤枉的。《初学集》是牧斋在前明的作品，刊行于崇祯十六年（癸未，1643年），确是有好些骂清高宗先人的话。《有学集》是降清以后的结集，对清朝祖先便不敢"奴"长"奴"短了。以牧斋在明朝的作品来责备做清朝卿贰的钱谦益，当然不公道。不过，说他"进退失据，非复人类"，倒是定论。

牧斋对明朝失节，出卖祖国，出卖人民，"更一钱不值何须说！"在清朝呢，名列《贰臣传》，而且还是乙编，比洪承畴之类更下一等。活着含羞，死后受辱，这是投机分子应有的结局。

二、荣进败名

牧斋名谦益，字受之，晚年号蒙叟，亦自称东涧老人，江苏常熟人。生于明神宗万历十年，死于清圣祖康熙三年（1582—1664），年八十三岁。

牧斋一生的经历，十七岁（明神宗万历二十六年，1598年）进学，二十五岁中举，二十九岁中探花，授翰林院编修，以父丧丁忧。

三十九岁还朝。四十岁（熹宗天启元年，1621年）做浙江主考，升右春坊中允。四十一岁以浙闱关节案告病回籍。四十三岁以谕德充经筵日讲官。四十四岁升詹事府少詹事，以东林党案削籍家居。四十七岁（思宗崇祯元年）补詹事府詹事，转礼部右侍郎兼翰林侍读学士，廷推枚卜，是候补宰相名单上的第二名，被温体仁攻讦革职，四十八岁后开始闲居。五十六岁被邑人张汉儒告讦为土豪恶绅，被逮北上下狱。五十七岁狱解南归。六十岁纳妾柳如是。六十四岁明福王立于南京，改元弘光，谦益官礼部尚书兼宫保，清兵进军江南，牧斋以文班首臣迎降，随例北行。六十五岁做清朝的内秘书院学士兼礼部侍郎，充《明史》副总裁。六月告病南归。六十七岁以黄毓祺案被逮到南京下狱。六十八岁狱解归里。八十三岁死。

牧斋二十岁左右在东南一带便有文名，和东林领袖顾宪成、允成兄弟交游。点探花以后，叶向高是前辈，孙承宗、王图是座主，高攀龙、左光斗、杨涟、周顺昌、姚希孟、黄道周、文震孟、鹿善继诸名流是僚友，瞿式耜是门生，程嘉燧、李流芳诸人是文酒之友，声气震动一世。到东林诸领袖先后被杀之后，"流俗相尊作党魁"，俨然是乡国重望了。张汉儒告讦案解后，"洛中之冠带，汝南之车骑，蜀郡之好事，鄠杜之诸生，闻声造门，希风枉驾，履舄交错，舟船填咽，邑屋阒其无人，空山为之成市"。成为斯文宗主，一代大师，青年人的泰山北斗，社会上第一号的贤达。六十四岁作了两朝领袖之后，声名骤落，做官不得意，做人不像人，"人亦有言"，成天过被哂笑辱骂的日子，再也不谈气节骨格，缩在文人的圈子里，写墓铭寿序弄钱，觍觍靦靦一直到死。

这个人的一生，用他自己的话来说最确当，"荣进败名"，一句话，不顾国家民族的利益，光想做大官，利禄熏心，坏了名节，毁了自己。

天巧星浪子钱谦益

牧斋前半生是东林中佼佼的人物，反东林的阉党阮大铖造《点将录》，献给魏忠贤，黑名单上的重要人物有天罡星托塔天王李三才，及时雨叶向高，天巧星浪子钱谦益，圣手书生文震孟，霹雳火惠世扬，鼓上蚤汪文言，大刀杨涟，智多星缪昌期等三十六人。地煞星神机军师顾大章，青面兽左光斗，金眼彪魏大中，旱地忽律游士任等共七十二人。崔呈秀开的另一黑名单《天鉴录》上也赫然有钱谦益的名字（计六奇《明季北略》卷二）。天启五年杨涟、左光斗诸人被魏忠贤杀害，牧斋也牵连被削籍回里。官虽做不成，名气反而更大，朝野都把他当作东林党魁，他也以此自许，如《初学集》卷六《十一月初六日召对文华殿旋奉严旨革职待罪感恩述事》二十首之一：

破帽青衫又一回，当筵舞袖任他猜，平生自分为人役，流俗相尊作党魁。

如《有学集》卷一六《范勋卿文集序》：

余庚戌通籍，出吾师耀州王文肃公（名图，阉党卢承钦所作《点将录》，和高攀龙并列的东林副帅，此外曹于汴汤兆京史记事魏大中等谓之先锋，丁元荐沈正宗李朴等谓之敢死军人，孙丕扬邹元标谓之土木魔神）之门。……余则继耀州之后，目为党魁，饮章录牒，逾冬逮系，受钩党之祸。……入甘陵之部，刊元祐之碑，除名削迹，终老而不相贷贳。

可是他一生的行径,却是道地的"浪子",阉党虽然比他更灭绝人性,寡廉鲜耻,给他的这个绰号倒还中肯,恰如其人的品格身份。

浙闱关节

牧斋虽是东林党人,可是还没有进身就和宦官勾搭。万历三十八年殿试后自以为文名满天下,兼之又有内线,状元是拿稳了。发榜的前一晚,已经得到宫中小太监的密报,说是状元已成定局,司礼监太监和其他宫廷权要都派人送帖子来道喜,京中亲朋故旧络绎户外,牧斋喜极乐极。不料到天亮榜发,牧斋竟是第三名探花,状元是归安人韩敬,这一跟斗摔得真惨,两人从此结下仇。原来韩敬也有内线,早攀上宫中最有势力的大太监,发榜时拿韩敬换了牧斋。牧斋还以为他的老板只此一家,以致上了一回大当。(《虞阳说苑》本《牧斋遗事》)

韩敬做了官,牧斋不服气,使一点手段,在三年京察时,把韩敬革职。

韩敬是浙江人,是反对东林的浙党党人。丢官后恨极,也处心积虑图谋报复。党争和私人怨恨从此纠缠不清。

熹宗天启元年,牧斋奉命作浙江主考官。韩敬和秀水沈德符计议,冒用牧斋的名义,出卖关节,很多人都上了当。名士钱千秋也被说动了,用两千两银子买"一朝平步上青天"的暗号,在每篇文章的结尾嵌入一字。榜发千秋果然考取了。韩敬、沈德符使的人分赃不均,把卖关节的事情嚷开了,韩敬也派人上北京大宣传一气,又联络礼科给事中顾其仁磨勘原卷,找出证据,具疏弹劾。事情闹大,刚好钱千秋已到北京准备会试,牧斋一问果然有真凭实据,急得无法,只好自己上疏检举。经刑部审讯的结果,假冒名义出卖关节的两人枷号发烟瘴充军,钱千秋革去举人充军，牧斋和房官确不知情，以失察罚俸三月，奉旨依拟。这个科场大案，因为牧斋脚力大，就此结束。（文秉《烈皇小识》卷二，《虞阳说苑》本《阁讼记略》，冯舒《虞山妖乱志》卷中）

枚卜之争

明代后期大学士（宰辅）的任用，由吏部尚书领衔，会合廷臣公推，开一张名单，由皇帝点用，叫作枚卜。

崇祯元年十一月，大学士刘鸿训罢，思宗诏廷臣举行会推枚卜大典。

牧斋是庚戌进士，在东林有重名，会推列名是没有问题的。惟一的劲敌是同官宜兴周延儒，延儒是万历四十一年的会元状元，名辈虽然较后，可是不久前曾和思宗谈过话，很投机，如也在会推单上列名，周的被点可能要比钱大。乌程温体仁官礼部尚书，虽然是万历二十六年进士，但是名低望轻，根本挨不上，倒不必顾虑。

周延儒事先布置，勾结外戚郑养性和东厂唐之征，势在必得。

牧斋方面，有门生户科给事中瞿式耜吏科都给事中章允儒在奔走，瞿式耜尤其出力，联络好廷臣，会推单上十一名，第一名成基命，第二名钱谦益，釜底抽薪，周延儒连提名的资格都被取消了，根本说不上圈定。

明思宗性格多疑，正在奇怪怎么会不列周延儒的时候，周延儒的反攻也正在展开，使人散布流言，街巷纷纷传说，这次会推全由钱谦益的党羽操纵，思宗也听见了。温体仁摸清楚情势，上《盖世神奸疏》，弹劾谦益浙闱旧案，说他是盖世神奸，不宜滥入枚卜。思宗召集双方在文华殿面讯，温体仁是有准备的，盛气质询，说话流利，牧斋正在打点做宰相的兴头上，斜刺里挨这一棍，摸不清情况，说不出话，官司便输定了。第二天有旨："钱谦益关节有据，受贿是实。今又滥入枚卜之列，有党可知。祖法凛在，朕不能私，着革了职，九卿科道从公依律会议具奏，不得徇私党比，以自取罪责。"后来钱千秋案虽然由原审人员一致坚持原来的判决，牧斋止于失察，不再深问。可是大学士是被搞掉了，不但作不了大学士，连原官也丢了。革职回籍听勘。

崇祯二年十二月周延儒入阁，三年六月温体仁入阁。两个死对头接连当权，牧斋一直闲了十六年，再也不得登朝，只好在乡间作"社会贤达"，干土豪劣绅武断乡曲的勾当。

这一次牧斋吃亏的原因：一内线未走好，二被温体仁一口咬定是结党把持，做皇帝的最怕最恨臣下结党，而牧斋恰是结党有据，硬挤周延儒。又吃亏在钱千秋的案子确是有关节。一跤摔倒，再也起不来了。（《明史》卷三〇八《周延儒传》、《温体仁传》，卷二八〇《瞿式耜传》，《烈皇小识》卷二，《阁讼记略》，《虞山妖乱志》中）

贪恶兽宦

明代乡绅作恶于民间，是人民最感痛苦的一害。

崇祯十年（1637年）常熟人张汉儒到北京告御状，告乡绅钱谦益、瞿式耜："不畏明论，不惧清议，吸人膏血，啖国正供，把持朝政，浊乱官评，生杀之权不操之朝廷而操之两奸，赋税之柄不操之朝廷而操之两奸，致令蹙额穷困之民欲控之府县，而府县之贤否，两奸且操之，何也？抚按皆其门生故旧也。欲控之司道，而司道之黜陟，两奸且操之，何也？满朝皆其私党羽翼。以至被害者无门控诉，衔冤者无地申冤。"又告发他们："倚恃东林，把持党局，喜怒操人才进退之权，贿赂控江南生死之柄，伦常扫地，虐焰薰天。"开列罪款，一共是五十八款，如侵占地方钱粮，勒索地方大户，强占官地营造市房，霸占湖利强要渔船网户纳常例，私和人命，逼奸良人妻女，出卖生员，霸占盐利，通番走私，占夺故家宝玩财货，毒杀和殴杀平民，占夺田宅等等，计赃三四百万。例如：

一、恶钱谦益、瞿式耜每遇抚按提学司道知府推官知县要紧衙门结交，必先托心腹，推用其门生故旧，宣言考选可以力包，以致关说事情，动以千万，灵应如神，诈有不遂者无不立致之死，小民之冤无处申诉，富家之祸无地可容。

一、恶钱谦益、瞿式耜见本县有东西两湖华荡华汇（《文艺杂志》本作昆城湖华荡滩），关系民间水利，霸截立桩，上书"礼部右堂钱府""户科瞿衙"字样，渔船网户俱纳常例，佃田小民投献常规，每岁诈银七百余两，二十年来计共诈银一万四千余两，地方切齿，通县公愤。

一、恶钱谦益自卖举人钱千秋之后，手段愈辣，凡文宗处说进学者，每名必要银五百两，帮廪者每名银三百两，科举遗才者要银二百两，自家夸口三党之前曰，我的分上，如苏州阊门贝家的药，货真物精，比别人的明明贵些，只落得发去必有应验。

一、恶钱谦益乘媚阉党崔呈秀心爱顾大章家羊脂白玉汉杯，著名一棒雪，价值千金，谦益谋取到手，又造金壶二把，一齐馈送，求免追赃提问，通邑诽笑证。

一、恶钱谦益见刑部郎中赵元度两世科甲，好积古书文画，价值二万余金，后乘身故，螯抢四十八橱古书归家。

这个告发人张汉儒，牧斋自撰的《丁丑狱志》称为奸人，《明史》上也称为常熟奸民。在封建时代，以平民告发大官，其"奸"可知。不过根据冯舒的《海虞妖乱志》，所记牧斋的秽史确有几件是可以和"奸"民的控词互证的。冯舒是牧斋同县人，被这场官司卷入，闹得几乎不可开交，而且是牧斋这方面的人，牧斋和瞿式耜还为他分辩过。他的话应该有史料价值。他说：

> 钱尚书令（杀人犯）翁源德出三千金造塔（赎罪），源德事既败，塔亦终不就。已而钱尚书必欲成之。凡邑中有公事拟罪者，必罚其赀助塔事，黠士敝民请乞不屡，亦具辞请修塔，不肖缙绅有所攘夺者，公以塔为名，而私实自利。即寿考令终者，亦或借端兴词，以造塔为诈局，邑中谓塔为大尸亲，颇称怨苦。钱尚书亦因是藉藉不理人口，谤亦由是起。

他详细记出牧斋曾由族人钱斗之手，敲诈族人钱裔肃：

> 裔肃诸弟又以宪副（钱岱）故妓人纳之尚书，裔肃不得已，亦献焉。凡什器之贵重者，钱斗辈指名索取，以为尚书欢。

张汉儒告发于下，大学士温体仁主持于上，地方大官如巡抚张国维是牧斋的门生，巡按御史路振飞是后辈，也掩饰不了，牧斋和瞿式耜被逮到京拘讯。

官司又眼见得要输了，牧斋自辩二疏，只辨得钱千秋一案，其他各款只咬定是温体仁主使，说他和张汉儒一鼻孔出气。背地里乞援于司礼监太监曹化淳，因为牧斋往年曾替曹化淳的上司司礼太监王安作过碑文，这门路就走通了。又用贿赂使抚宁侯朱国弼参奏温体仁欺君误国，内外夹攻，转退为进，要翻转这案子。

这时候锦衣卫指挥使是温体仁的人，照理温体仁这着棋是赢定了。不料他走错了一步，在思宗前告发钱谦益和曹化淳的勾结情形，得罪了曹化淳，情势立刻倒过来了，锦衣卫指挥使换了牧斋的朋友，东厂专找温体仁的错，张汉儒枷死，温体仁也接着罢相。第二年秋天牧斋和瞿式耜才出狱。

张汉儒控诉乡绅作恶，一到北京变了质，温体仁用作报复政敌的手段。温体仁得罪了曹化淳，官司又变了质，乡绅作恶的事一字不提，告发人成为"奸"民被处死。牧斋靠内监的庇佑，不但官司没有事，连劣绅恶绅的身份也连带去掉了。（《明史》卷二八〇《瞿式耜传》，冯舒《虞山妖乱志》，《虞阳说苑》本张汉儒《疏稿》，《文艺杂志》本《常熟县民张汉儒控钱谦益瞿式耜呈词》，《初学集》卷二五《丁丑狱志》，卷八七《微臣束身就系辅臣蜚语横加谨平心剖质仰祈圣明洞鉴疏》）

三、艰危苟免

崇祯十七年三月明思宗自杀的消息传到南方，南京的文武臣僚乱成一团。吵的不是如何出兵，如何复仇，而是如何找一个皇帝，重建封建统治政权。

当时避难到南京附近的有两个亲王，一是潞王，一是福王。论族属亲疏行辈福王当立，论人品潞王有潞佛子的名气，好说话，容易驾驭。可是福王有问题，万历年间为了老福王闹的妖书梃击移宫三案，东林是反对老福王的，福王如立，很可能追怨三案，又引起新的党争，不得安稳。立潞王，不但政治上不会出岔子，还可立大功。牧斋先和潞王接了头，首倡立潞王之议，南京大臣兵部侍郎吕大器、右都御史张慎言、詹事姜曰广都赞成，雷缜祚、周镳也为潞王大作宣传。这些人有的是东林，有的是准东林，一句话，东林系的士大夫全支持潞王做皇帝。

反东林的阉党着了慌，尤其是阮大铖，出尽全力，和实力派庐凤督师马士英，操江诚意伯刘孔昭，总兵高杰、刘泽清、黄得功、刘良佐结合，高级军人全拥护福王，南京的议论还没有决定，马士英已经统军拥福王到南京了。文官们没办法，只好向福王劝进，在南京建立了小朝廷，维护这一小部分人的利益。

潞王和福王皇帝地位的争夺，也就是幕后人钱牧斋和阮大铖的斗争。钱牧斋输了，马士英入阁，东林领袖史可法外出督师，阮大铖起用，从兵部右侍郎进尚书兼右副都御史，巡阅江防，红得发紫。

大铖用事后，第一件事是起用阉党，第二件事是对东林报复。他好容易熬了十几年，受尽了"清流"的笑骂，今天才能出这口气，造出十八罗汉五十三参的名目，要把东林一网打尽。雷缜祚、周镳首先被杀，南京城中充满了恐怖空气，逃的逃，躲的躲，弄得人心惶惶。

牧斋一见福王登位，知道情形不妙，立刻转舵，一百八十度大转弯，上疏称颂马士英功德，士英乐了，援引牧斋作礼部尚书。一不做二不休，牧斋索性举荐阉党，还上疏替阮大铖呼冤，大铖由之起用。可是阮大铖还是不肯解憾，黑名单上仍旧有牧斋名字。牧斋无法，只好再求马士英保护，战战兢兢，幸免无事。（《明史》卷三〇八《马士英传》）

弘光元年五月，清军进军江南，牧斋率文班诸臣迎降。南京其他大员送清豫王的礼物动不动就值万两银子，牧斋要表示自己的廉洁，送的礼最薄，这份礼单照抄如下：

太子太保礼部尚书兼翰林院学士臣钱谦益百叩首谨启上贡

　计：开鎏金壶一具　法琅银壶一具　蟠龙玉杯一进　宋制玉杯一进　天鹿犀杯一进　夔龙犀杯一进　葵花犀杯一进　芙蓉犀杯一进　法琅鼎杯一进　文玉鼎杯一进　法琅鹤杯一对　银镶鹤杯一对　宣德宫扇十柄　真金川扇十柄　弋阳金扇十柄　戈奇金扇十柄　百子宫扇十柄　真金杭扇十柄　真金苏扇四十柄　银镶象箸十双

　顺治二年五月二十六日太子太保礼部尚书兼翰林院学士臣钱谦益

据目见的人说，牧斋亲自捧帖入府，叩首阶下，向豫王陈说，豫王很高兴，接待得不错。（《说苑》本《牧斋遗事》）

不但第一个迎降，牧斋还派人到苏州大贴告示说："大兵东下，百万生灵，尽为齑粉，招谕之举，未知阖郡士民，以为是乎非乎？便乎不便乎？有智者能辨之矣。如果能尽忠殉节，不听招谕，亦非我之所能强也。聊以一片苦心与士民共白之而已。"又写信给常熟知县曹元芳劝降："主公蒙尘五日后，大兵始至，秋毫无犯，市不易肆。却恐有舟师入越，则吴中未免先受其锋。保境安民之举，不可以不早也。牺牲玉帛待于境上，以待强者而庇民焉，古之人行之矣。幸门下早决之。想督台自有主持。亡国之臣，求死不得，邑中怨家必攘臂而鱼肉之矣，恐亦非便计也，如何？"（《赵水部杂志》）在主俘国破的时候，他不但为敌作伥，招降父母之邦，还念念不忘他家乡那份产业，这封信活画出卖国贼那副嘴脸。

所说"求死不得"是鬼话，他自己曾告诉人，当时宠妾柳如是劝他殉国，他迟疑不肯，柳如是发急，以身作则，奋身自沉，被侍儿抱住。他何曾求过死？连小老婆劝他死也不肯，怎么会"不得"！（顾苓《河东君传》，案顾云美也是牧斋的友人，牧斋曾为撰《云阳草堂记》，见《有学集》卷二六）

牧斋降清后，一意要为清朝立功，时潞王寄居杭州，牧斋又寄书诱降，骗说只要归顺，就可保住爵土。浙江巡抚张秉贞得信，要挟潞王出降，潞王阖家被俘北上（《说苑》本《牧斋遗事》）。牧斋自以为大功既就，而且声名满天下，这次入阁该不成问题了，兴冲冲扬鞭北上，左等右等，等到顺治三年正月，才发表作礼部侍郎管秘书院事，充修《明史》副总裁，不禁大失所望。苦苦挨了半年，又被劾夺职回籍闲住，荣进了一辈子，状元巴不到，阁老爬不上，落得身败名裂，"昔去幸宽沈白马，今归应悔卖卢龙"！（《说苑》和《痛史》本《牧斋遗事》）

牧斋到底悔了没有呢？这头不着巴那头，清朝不要，再投明朝《顺治东华录》记：

五年四月辛卯，凤阳巡抚陈之龙奏：自金逆（声桓）之叛，沿海一带与舟山之寇，止隔一水。故密差中军各将稽察奸细，擒到伪总督黄毓祺，搜获铜铸伪关防一颗，反诗一本，供出江北富党薛继周等，江南王党生、钱谦益、许念元等，见在密咨拿缉。得旨：黄毓祺着正法，其……钱谦益等马国柱严饬该管官访拿。

据《贰臣传乙编》，牧斋这次吃官司也是被人告密的，告密人叫盛名儒：

> 以钱谦益曾留黄毓祺宿其家，且许助资招兵。诏总督马国柱逮讯。谦益至江宁，诉辩："此前供职内院，邀沐恩荣，图报不遑。况年已七十，奄奄余息，动履借人扶掖，岂有他念。"哀吁问官乞开脱。会首告谦益从逆之盛名儒逃匿不赴质，毓祺病死狱中。乃以毓祺与谦益素不相识定谳。马国柱因疏言："谦益以内院大臣归老山林，子侄三人新列科目，荣幸已极，必不丧心负恩。"于是得释归。

这次狱事，一直到顺治六年春才告结束。同年七月十五日，同县瞿式耜的家人派家童到桂林去看永历帝的桂林留守牧斋的门生瞿式耜。牧斋脚踏两头船，带一封密信给他，九月十六日到达，这封密信被节引在式耜的《报中兴机会事疏》中（《瞿忠宣公集》卷五），牧斋指陈当前军事形势，列出全着要着急着。还报告清军将领动态，和可能反正的武装部队。式耜的案语说：

> 臣同邑旧礼臣钱谦益寄臣手书一通，累数百言，绝不道及寒温家常字句，惟有忠驱义感，溢于楮墨之间。盖谦益身在房中，未尝须臾不念本朝，而规画形势，了如指掌，绰有成算。

有了这件文字，加上瞿留守的证明，万一明朝恢复天下，看在地下工作的份上，大学士的座位，这一回总该坐得上去了吧？

一年后，清军攻下桂林，瞿式耜不屈，慷慨赴义。清人修《明史》，大传的最后一位，便是牧斋早年的门生瞿式耜。这师生二人，在民族兴亡,国家存灭的严重关头,一个经不住考验,作了两朝领袖,名教罪人。一个通过考验,成了明朝的孤臣孽子,忠臣烈士。牧斋地下有知,怕也没面目见到这位高足吧!

一九四八年五月十三日于清华园